COMMENTAIRE

DE LA LOI

SUR LA PROCÉDURE

RELATIVE AU PARTAGE DES TERRES VAINES ET VAGUES

EN BRETAGNE,

PAR

EUGÈNE PAIGNON,

AVOCAT AU CONSEIL D'ÉTAT ET A LA COUR DE CASSATION.

PRIX : 1 FRANC.

PARIS.

LIBRAIRIE DE JURISPRUDENCE DE COTILLON,
RUE DES GRÉS-SORBONNE, 16,

ET CHEZ L'AUTEUR,
17, RUE DES PETITS-AUGUSTINS.

1851

AVERTISSEMENT.

Cet ouvrage est un guide indispensable pour les officiers publics, magistrats, experts, maires des communes qui seront appelés à concourir à l'application de cette loi. La procédure qu'elle organise est nouvelle et très-compliquée ; les droits nombreux qu'elle met en mouvement, les conflits qu'elle pourra soulever, rendaient nécessaire un commentaire puisé aux sources d'où est sortie la loi elle-même.

De plus, le refus motivé des organes du gouvernement de faire un tarif pour régler les frais qu'occasionnera de la part des avoués, huissiers, experts, cette procédure toute spéciale, nous a obligé de suppléer à cette lacune, en appliquant les dispositions du tarif de 1807 aux différents actes prescrits.

Nous croyons donc avoir fait un travail utile ; et le prix extrêmement minime auquel nous fixons cet ouvrage prouve qu'aucune pensée de spéculation n'est entrée dans notre esprit.

Nous avons saisi cette occasion de nous familiariser avec le droit breton, tel qu'il résulte de la coutume de Bretagne et tel que l'établissent et le consacrent les lois de 1792 et 1793, interprétées par la jurisprudence.

Il nous sera très-agréable d'être mis au courant des controverses que soulèvera, en la forme et au fond, en Bretagne, la mise à exécution de cette loi et nous serons heureux de contribuer, dans la mesure de nos forces, à la solution des difficultés qui pourront se présenter.

En envoyant à l'Auteur une valeur de 1 fr. 25 cent. par la poste, on recevra l'ouvrage *franco*.

COMMENTAIRE

DE LA LOI

SUR LA PROCÉDURE

RELATIVE AU PARTAGE DES TERRES VAINES ET VAGUES,

DANS LES CINQ DÉPARTEMENTS

COMPOSANT L'ANCIENNE PROVINCE DE BRETAGNE,

PAR

EUGÈNE PAIGNON,

AVOCAT AU CONSEIL D'ÉTAT ET A LA COUR DE CASSATION,

AUTEUR

Du Commentaire sur les Ventes judiciaires de biens immeubles;
d'Éloquence et Improvisation, Art de la Parole oratoire, etc.

PARIS,

LIBRAIRIE DE JURISPRUDENCE DE COTILLON,

RUE DES GRÉS-SORBONNE, 16,

ET CHEZ L'AUTEUR,

17, RUE DES PETITS-AUGUSTINS.

—

1851.

Ce fut une idée heureuse et féconde que celle qui se proposa pour but : LA MISE EN CULTURE DES TERRES VAINES ET VAGUES qui forment près d'un million d'hectares du sol de la Bretagne.

Cette idée appartient à M. Favreau, représentant de la Loire-Inférieure, qui, par son intelligente initiative, a bien mérité de son pays.

Quel dommage que la disposition si importante qui se trouvait dans sa proposition et qui portait la dispense de timbre et d'enregistrement des actes de la procédure en partage, n'ait pas été accueillie ! La loi en a été frappée au cœur d'une large blessure. Le fisc va dévorer la plus grande partie de cette richesse. *Fiscus anté omnes.*

Quel que soit, en effet, le soin qui ait été pris pour réduire la procédure à sa forme la plus simple et la plus progressive, la nécessité de rendre saufs tous les intérêts, a obligé à établir une multiplicité d'actes qui seront cause d'une ample moisson de frais.

Le peuple a bien raison de dire : que le fisc ne perd jamais ses droits.

Néanmoins, la loi reste bonne, quoique amoindrie considérablement dans ses bienfaits. En réalisant le progrès de la culture, elle réalise le progrès de la population, et par ce progrès simultané, elle seconde le développement de la force et de la richesse de la France.

Elle respecte le droit communal, mais ouvre une plus vaste carrière au droit individuel. Elle étend la propriété privée, la seule qui attache l'homme à la terre et qui la lui fasse aimer. D'un être multiple, d'une personnalité fictive, d'une communauté d'habitants, inerte et impuissante, elle fait sortir une individualité plus complète, comme homme, comme propriétaire, comme contribuable. Par elle, le principe de la propriété pénètre plus profondément dans les classes pauvres des campagnes et les moralise ; car la propriété est le lien qui unit les citoyens entre eux et les identifie à la patrie. Et c'est du sein des sillons que sortent les armées : *De sulcis acies.*

Heureuse Bretagne, assez aimée du ciel pour avoir encore assez d'espace libre pour agrandir le champ de presque chacun de ses enfants afin qu'il le féconde, et s'y fasse une plus large place au soleil ! Car nul ne plante s'il n'est propriétaire, nul ne sème s'il ne doit récolter.

Et ce sera un beau spectacle, digne d'être contemplé, que celui que donneront, dans quelques années, les résultats accomplis de cette loi. « Voici mon lot » dira chacun avec orgueil, et aussitôt il se mettra à le défricher, obéissant ainsi à la divine parole : *Ut operaretur terram.* Et l'aisance individuelle se développant par les mille dérivations de la richesse commune, frappée naguère de stérilité, l'on ne verra plus de populations végétant avec peine sur ces *propriétés bâtardes* dont l'existence, source de froissements et de procès, ne se conciliait pas plus avec l'organisation de notre régime politique qu'avec la prospérité de l'agriculture.

EUGÈNE PAIGNON,
Avocat au Conseil d'État et à la Cour de Cassation.

1er *juin* 1851.

INTRODUCTION.

La question de propriété des terres vaines et vagues en Bretagne a passionné ce pays : elle a agité tout à la fois le monde judiciaire et le monde savant. Mais heureusement que, renfermée dans le sanctuaire paisible de la science, elle n'a pas rappelé cette époque où les paysans bretons voulant se maintenir dans la possession de leurs pâturages, et effrayer les témoins qui oseraient déposer contre eux, creusaient une fosse dans un lieu limitrophe du terrain en litige, puis plantant à côté une potence allégorique, y plaçaient cette inscription : *Ici l'on pend et l'on enterre ceux qui déposent en justice.*

Où en est aujourd'hui cette question encore palpitante ? Depuis la révolution, la lutte a changé quant aux combattants, mais elle est restée la même quant aux droits respectivement prétendus. Là où était le vassal en face de son seigneur, sur cette terre classique de la maxime : *Nul franc-alleu en icelui pays*, est maintenant le paysan breton élevé à la souveraineté par le progrès des institutions politiques, en face de la commune encore asservie par la présomption légale de minorité.

Le droit de propriété de l'ancien vassal est-il exclusif ou bien est-il concurrent entre le particulier et la commune?

S'il est une vérité incontestablement établie par l'histoire, c'est celle-ci : Dans l'origine, les seigneurs féodaux furent seuls, en Bretagne, propriétaires des terres vaines et vagues. Mais qu'auraient-ils fait de ces plaines immenses, incultes à cause de leur étendue ? Ils concédèrent aux habitants qui les avoisinaient et qui formaient un peuple de pasteurs, le droit d'y couper des bruyères et d'y mener paître leurs bestiaux. De là l'inféodation s'appliquant à un droit appelé : le droit de communer, lequel était une simple servitude d'usage qui, donnant les fruits au vassal et laissant le fond au seigneur, conciliait le droit public d'alors avec le besoin de la population, besoin impérieux : celui de vivre.

Pour une situation spéciale, il fallait un droit spécial comme elle. C'est pour cela que dans la loi du 28 août 1792 se trouve une disposition particulière à la Bretagne et qui forme un système de législation exceptionnel mais complet, puisant sa raison d'être aux racines mêmes de l'histoire.

Mais le résultat de cette législation spéciale a-t-il été d'attribuer la totalité de la propriété des terres vaines et vagues aux anciens vassaux en exhérédant les communes de tous droits? L'art. 10 de la loi de 1792 ne nous paraît pas avoir cette portée. Si les communes y sont nommées, c'est que le législateur a supposé qu'elles pouvaient avoir reçu le droit de communer tout aussi bien que les autres afféagistes, simples particuliers. Mais cela ne leur ôte pas le bénéfice de l'art. 9 de la même loi. Pourquoi ne profiterait-il pas aux communes bretonnes comme à toutes celles de France? N'ont-elles pas gémi, elles aussi, sous l'oppression féodale? N'ont-elles pas dès lors droit à une part d'indemnité et de restitution?

Ce que le législateur a voulu, c'est que le droit de communer fût désormais attributif de la propriété elle-même ; c'est la conversion de la servitude d'usage en un droit sur le fonds. Donc, la commune ayant un droit écrit dans la loi, doit profiter de cette interversion, opérée par la seule force de la loi. Chacun, particulier ou commune, jouira à l'avenir en propre de la chose dont il n'avait que l'usufruit ou l'usage. Il n'y a extension, hors de la superficie dont on jouissait, du droit de personne, mais seulement affermissement de la chose, dans sa plénitude, entre les mains du communant. C'est l'étendue de la possession du droit de communer qui détermine l'étendue du droit sur le fonds; la superficie, possédée à titre d'usage, exerce sa force proportionnelle d'attraction sur la propriété qui vient d'être dégagée de la mainmise féodale.

Ces principes posés, comment soutenir que la commune bretonne sera exclue du banquet auquel ont été conviées ses pareilles, par les lois de la révolution? Cela nous paraît inadmissible et choquerait le bon sens et l'équité. Car il arriverait ceci : Qu'un simple droit d'usage susceptible d'être réduit, sous l'ancienne jurisprudence, à la jouissance d'un hectare, pourrait recevoir une telle étendue que, au lieu de rétablir le possesseur dans les droits dont il aurait été dépouillé, il l'enrichirait sans raison et outre mesure. De sorte qu'il faudrait dire que le but de la loi de 1792 a été, non de rétablir, mais d'enrichir l'ancien vassal.

Aussi, la jurisprudence de la cour de cassation a-t-elle considéré les communes comme des êtres collectifs substitués à la pleine puissance seigneuriale, et a-t-elle soumis l'ancien vassal breton, luttant contre la commune, pour se faire adjuger la propriété des terres vaines et vagues, à l'obligation d'établir la mesure de son droit de communer, pour déterminer, par suite, la portion de l'immeuble dont il prétendait se faire déclarer propriétaire (Cassation 28 avril 1840). Et après de nombreux arrêts qui sont tous la conséquence du principe posé de la concurrence des communes, en matière de terres vaines et vagues, avec les particuliers, est enfin intervenu un arrêt de principe, à la date du 10 août 1840, qui a décidé, que la législation établie par les lois de 1792 et 1793, constituait, en cette matière, le droit commun de la France, et que si l'art. 10 de la loi du 28 août 1792, attribuait la propriété des terres vaines et vagues aux vassaux et aux communes, il n'avait eu pour but que de changer le droit d'usage en droit de propriété, et non de l'étendre au delà des limites qu'avait le droit de communer; que dès lors, la commune puisait un droit dans la présomption de propriété établie en sa faveur sur les terres vaines et vagues. Cet arrêt dont la portée est immense au point de vue du droit breton, a fixé les principes de la matière et apporté aux défenseurs des droits des communes une grande force. Nous le transcrivons ici :

« Attendu, dit la Cour suprême, que l'art. 9 de la loi du 28 août 1792 établit au profit des communes une présomption de propriété sur les terres vaines et vagues, et que cette présomption a été convertie en une attribution directe et définitive par l'art. 1er de la section 4 de la loi de 1793; que cette législation constitue en cette matière le droit commun du royaume (1);

---

(1) Vieux style, à rajeunir le plus tôt possible.

» Attendu que si l'art. 10 de la loi de 1792 attribue la propriété desdites terres situées dans les cinq départements qui composaient la ci-devant province de Bretagne, soit aux habitants des villages, soit aux ci-devant vassaux qui étaient en possession du droit d'y communer à l'époque de la promulgation de la loi, cette disposition spéciale ne détruit pas la règle générale établie en faveur des communes par l'art. 9 de la même loi et par l'art. 1er, section 4, de celle de 1793;

» Attendu que toute disposition spéciale doit être renfermée dans ses limites ;

» Attendu que le droit de communer n'était, d'après la jurisprudence locale, qu'un droit d'usage ou de jouissance proportionné aux besoins du vassal, et eu égard au nombre des bestiaux qu'il possédait; que la loi de 1792 a eu pour but de changer le droit d'usage en droit de propriété, mais non de l'étendre au delà des limites qu'avait le droit de communer »

Par ces motifs, la Cour cassa l'arrêt de Rennes et renvoya devant la Cour d'Angers qui adopta cette jurisprudence.

Cette solution a été préparée par une doctrine, longtemps débattue par les jurisconsultes les plus éminents de la Bretagne. Parmi eux, citons un des plus anciens et des plus valeureux champions des vassaux contre les communes : M. Lemerle, qui s'insurge même contre la jurisprudence de la Cour suprême : il pose une série de principes desquels il fait résulter l'exclusion des communes d'une manière absolue. Mais il nous semble que le texte de l'art. 10 de la loi du 28 août 1792, loin d'exclure les communes, les appelle au contraire au partage des droits qu'il consacre. Il adjuge en masse les terres vaines et vagues à ceux qui sont actuellement en possession du droit de communer, il s'agit donc de rechercher ce que l'on entendait par ce droit. Le savant jurisconsulte le dit lui-même en ces termes :

« Comme l'inféodation du droit de communer en Bretagne, était accordée au propriétaire d'un héritage, formant le fief servant ou domaine utile, pour cause de cet héritage, et à raison de l'aveu des terres du vassal, par le seigneur du fief dominant, duquel il relevait, les jugements et arrêts cités, ont ordonné le partage entre les vassaux inféodés : *pro modo jugerum*, c'est-à-dire, au marc le franc de la contribution foncière, des anciens héritages possédés dans chacun des ci-devant fiefs. Tous les

aveux portant, que c'était pour le pacage des bestiaux et l'amé-
lioration des terres que ce droit de communer existait, il
fallait bien que celui qui avait plus de besoin, eût plus de terrain;
la transformation prononcée par l'art. 10 de la loi du 28 août,
ne pouvait atténuer le droit transformé par le fait de l'abolition
de la directe seigneurie ou mouvance; c'était un affranchisse-
ment qui laissait la chose à chacun des inféodés, *avec l'étendue
de l'inféodation*, sur toutes les terres vagues qui en étaient
l'objet. »

Ainsi, vous l'avouez, *l'étendue* de l'inféodation déterminait
l'étendue de la part de terre vague. Pourquoi donc lui faire
franchir ces limites? Les besoins une fois déterminés, les terrains
compris dans le cantonnement appartiennent au vassal, selon la
mesure de ces besoins, et le reste appartient à la commune, en
vertu de la présomption légale.

C'est là aussi ce que disait M. Colombel, président du tribunal de Nantes, descendant de son siége, pour apporter son tribut
de lumières au débat. « Par la seule force de la loi, disait-il,
l'ancien droit des vassaux inféodés a bien été métamorphosé en
droit de propriété, mais là s'est arrêté l'effet de la loi; elle n'a
rien produit de plus; en intervertissant le droit, elle l'a laissé
dans ses limites naturelles et superficielles; en faisant de l'usager
un propriétaire, le législateur de 92 n'a point modifié la proportion des droits; dans l'esprit de la loi, chaque vassal n'est
fondé dans la propriété que pour la part qu'il avait dans la
jouissance. »

Et un autre magistrat dont la science pleure encore la perte,
le regrettable M. Hello, conseiller à la cour de cassation, dans
le rapport qui a préparé l'arrêt du 10 août 1846, commentant les
paroles de M. Colombel, ajoutait: « Ce que demandent les représentants des vassaux, c'est que les tribunaux ajoutent à la libéra-
lité du législateur; leur droit a gagné en nature; leur prétention
est qu'il gagne aussi en étendue et qu'il sorte de la proportion
géométrique dans laquelle le contenait l'ancienne jurisprudence,
prétention exorbitante, privilége incompréhensible et désastreux
qui aurait besoin d'être écrit en toutes lettres, et qui n'est pas
même sous-entendu dans la loi. »

Mais, a-t-on dit, les communes ne sont nommées dans
l'art. 10 que comme pouvant jouir du droit de communer, et

dès lors elles ne peuvent participer à son bénéfice qu'à la condition de le posséder.

M. Hello répond que ce serait mal entendre la loi que de l'expliquer ainsi « Le droit de communer ne pouvait être considéré que comme servitude, et il se concédait toujours à titre individuel, jamais à titre collectif, et il est très-rare en effet, dit Duparc Poullain, que ce droit, soit gratuit, soit à titre onéreux, ait été accordé à des communautés d'habitants. Et puis pourquoi les communes seraient-elles nommées dans l'art. 10 à un autre titre que dans tout le reste de la loi? Pourquoi le seraient-elles dans une autre pensée que de les restituer contre une ancienne spoliation? N'est-il pas naturel de penser que le même mot l'est dans la même acception? Le voisinage et la liaison des art. 9 et 10 n'en sont-ils pas un indice certain? N'est-ce point là le procédé le plus ordinaire de l'interprétation des lois? Si la possession du droit de communer est exigée comme condition de l'attribution de propriété, ce n'est que des vassaux auxquels cette condition se rapporte grammaticalement et auxquels seule elle convient, car elle n'est possible que pour eux, elle ne l'est pas pour les communes ; celles-ci occupent leur place dans la loi en tant que communes et non comme possédant le droit de communer. »

La conclusion est que la présomption établie en faveur des communes pénètre en Bretagne comme dans le reste de la France, mais qu'en Bretagne les vassaux communaux viennent en concurrence avec elles, c'est-à-dire qu'il faut d'abord faire leur part aux communants, et que, cette part faite, le reste revient aux communes, comme à sa destination naturelle.

De quel droit, en effet, le vassal devenu libre, prétendra-t-il à une étendue de terres en propriété, supérieure à celle qui lui était allouée à titre d'usage? Les motifs qui justifient la concession originaire s'y opposent. On disait autrefois : Nulle terre sans seigneur; on peut dire aujourd'hui : Nulle terre sans propriétaire. En dépossédant les seigneurs, la loi révolutionnaire a fait les communes propriétaires, elles les a investies de plein droit de tout le sol vain et vague compris dans les limites de leur territoire, *intra metas territorii*. Mais comme cette investiture pouvait porter atteinte au droit spécial des Bretons, elle a fait une exception qui peut se traduire ainsi : *salvo jure alieno*, en ce qui concerne les cinq départements de la Bretagne, sauf le droit de communer qui appartient à ses anciens habitants, droit converti en propriété. D'où suit, quoi? L'exclusion des communes bretonnes d'être participantes à la propriété des terres arrachées des mains de seigneurs, non, mais seulement l'obligation pour elles d'établir soit leur possession, soit l'absence de communants. Voilà tout. Déshériter la commune, ce serait investir, à notre avis, l'État de la succession. Car ce serait là un bien vacant, dont il devrait s'emparer.

Aux autorités que nous avons citées, nous pouvons en ajouter une nouvelle qui a d'autant plus de valeur qu'elle vient la dernière sur cette grande question, et couronne en quelque sorte la controverse qui existe dans la doctrine et la jurisprudence. C'est celle de M. Dalloz, dans son nouveau répertoire. Après avoir analysé les objections présentées dans l'intérêt des anciens vassaux ou de leurs représentants, il se range, sans hésiter, au système favorable aux droits des communes.

« La propriété attribuée aux ci-devant vassaux, dit-il, ne nous paraît point exclusive de celle reconnue aux communes par la disposition générale de l'art. 9 de la loi du 28 août 1792. Les communes sont partout substituées aux droits des seigneurs relativement aux terres vaines et vagues. Il doit en être ainsi en Bretagne comme ailleurs; car si la maxime : « Nulle terre sans seigneur » régnait dans cette province d'une manière plus absolue et plus incontestée que partout ailleurs, elle n'en était pas moins connue et appliquée dans beaucoup d'autres parties de la France, et c'était sur ce fondement que les seigneurs s'attribuaient partout les *vacants*. La loi de 1792 qui avait pour but de renverser les effets de cette maxime ne pouvait pas les respecter en Bretagne; elle déclarait pour toute la France que la propriété des seigneurs avait été usurpée sur les communes, et cette usurpation remontait dans la théorie de la loi à une époque antérieure à une inféodation faite aux vassaux. Il n'est donc pas exact de dire qu'en Bretagne, les victimes de la puissance féodale, c'étaient les vassaux, et non les communes, et que les vassaux seuls avait droit à une restitution. On n'a rien restitué à ces derniers; on a dû consolider entre leurs mains des droits qui leur étaient devenus nécessaires et qu'un usage avait consacrés à leur profit. Quant aux communes, elles ont également

succédé aux droits des seigneurs, et sont entrées en possession
de tout ce qui n'avait pas été abandonné par eux aux vassaux. »

La jurisprudence de la Cour suprême nous paraît donc reposer
sur des bases difficiles à ébranler, et nous croyons que l'arrêt du
10 août 1846, dominera encore longtemps la question, si elle
s'élève, car il est fondé sur l'interprétation, la plus saine, la
plus rationnelle de la loi.

Quel malheur serait-ce donc qu'il y eût en Bretagne comme
dans le reste de la France, une fortune, une richesse communale
formée des dépouilles opimes de la féodalité abattue ! Le patrimoine des communes ne fait-il pas partie, lui aussi, du trésor
de la France ? N'est-ce pas plus particulièrement le patrimoine
du pauvre ? La loi du 6-15 décembre va avoir pour effet de faire
rentrer dans la culture une masse énorme de terres vaines et
vagues en Bretagne, mais comme celui qui est déjà propriétaire
y aura seul une part, puisque l'inféodation n'avait lieu qu'au
profit de ceux qui possédaient déjà un héritage pourvu de
têtes de bétail, il en résultera que le pauvre à qui l'on laissait,
par tolérance, l'accès, pour sa brebis et sa vache, du terrain nu
et déclos, se verra interdire désormais la *montagne pastorale*,
ce pâturage qui, quelque maigre qu'il fût, était pour lui une
précieuse ressource. La loi nouvelle fait disparaître entièrement
cette jouissance bienfaisante du sol breton ; et elle détruit ces
mœurs antiques où le communisme de la charité savait si bien
se concilier avec le respect du droit de propriété. Elle violente
jusqu'à un certain point des habitudes séculaires. L'existence de
la fortune communale aura seule pour effet de remédier à cet
inconvénient, en maintenant cette délibation de la propriété qui
se faisait quand le pauvre avait, aussi bien que le seigneur,
part d'habitant dans les produits du pré et du bois commun,
quand il pouvait y trouver non-seulement une herbe rare pour
la vache dont le lait généreux nourrissait sa famille, mais aussi
du combustible pour son chauffage et des roseaux pour recou-
vrir sa chétive chaumière.

PROCÉDURE

DE PARTAGE DES TERRES VAINES ET VAGUES EN BRETAGNE.

CHAPITRE PREMIER.

DE LA PROCÉDURE EN PREMIÈRE INSTANCE.

ART. 1.

Dans les cinq départements composant l'ancienne province de Bretagne, la procédure pour parvenir au partage des terres vaines et vagues dont la propriété, reconnue par l'art. 10 de la loi du 28 août 1792, est restée indivise jusqu'à ce jour, sera suivie conformément aux dispositions ci-après.

Ce titre indique qu'il ne s'agit pas ici d'une loi générale embrassant dans ses dispositions tout le territoire français, mais seulement d'une loi spéciale dont l'application est restreinte aux limites de l'ancienne province de Bretagne qui a formé et forme aujourd'hui cinq départements, savoir : l'Ille-et-Vilaine, le Morbihan, les Côtes-du-Nord, le Finistère, la Loire-Inférieure.

Le but et le caractère de cette loi ont été parfaitement déterminés par les législateurs qui ont pris part à son adoption, et pour en trouver les motifs, il faut remonter à l'art. 10 de la loi du 28 août 1792 qui respectait le droit spécial de l'ancienne Bretagne en ce qui concerne les terres vaines et vagues, situées dans la circonscription de cette province. Cet art. est ainsi conçu :

« Dans les cinq départements qui composent la ci-devant province de Bretagne, les terres actuellement vaines et vagues, non arrentées, afféagées ou accensées jusqu'à ce jour, connues sous le nom de communes, frostes, frostages, franchises, galois, etc., appartiendront exclusivement, soit aux communes, soit aux habitants des villages, soit aux ci-devant vassaux qui sont actuellement en possession du droit de communer, motoyer, couper des landes, bois ou bruyères, pacager ou mener leurs bestiaux dans les dites terres situées dans l'enclave ou le voisinage des ci-devant fiefs. »

Ainsi la loi du 28 août 1792 qui, comme on sait, a attribué dans toute la France, aux communes, la propriété des terres vaines et vagues désignées, suivant les différentes localités, par différentes appellations, a compris la nécessité de faire une exception formelle, quant à la propriété de ces terres, en faveur des anciens vassaux habitant le territoire ci-devant breton.

Donc, pour toute la France, droit exclusif attribué aux communes sur les terres vaines et vagues antérieurement considérées comme seigneuriales; pour les cinq départements bretons, attribution de ce même droit, non plus exclusivement aux communes, mais concurremment aux communes ou sections de communes, et à ceux de leurs habitants qui étaient au 28 août 1792 en possession de la servitude de pacage sur ces terres.

Cette loi attribue la propriété à ceux qui étaient en 1792 *en possession du droit de communer*. Ces expressions font revivre en cette matière les principes bretons sur le droit de communer. Or ce droit résultait d'une concession à titre onéreux faite par le seigneur à ceux de ses vassaux qui possédaient des héritages dans les limites du fief d'où relevaient les terres vaines et vagues.

La concession était faite *à raison des héritages* et non à raison de la personne du vassal, et il n'y a pas d'exemple d'un droit de communer concédé à un individu non propriétaire dans les limites du fief. L'étendue du droit de communer n'était jamais réglée par la concession, mais l'usage et les arrêts du parlement avaient admis cette maxime « *qu'on ne pouvait conduire sur la lande que les bestiaux que l'on pouvait nourrir pendant l'hiver avec le produit des terres cultivées.* » Cette maxime fixait l'étendue du droit de communer. La conséquence à tirer est 1° que les terres vaines et vagues appartiennent aux propriétaires d'héritages, dans l'étendue du fief, s'ils avaient le droit de communer; 2° que leur droit individuel de propriété est en proportion de l'importance de leurs héritages. Ainsi la qualité d'habitant de la commune ou du fief est complétement insignifiante.

Les inféodations du droit de communer n'étaient presque jamais individuelles, en ce sens que toujours elles étaient consenties à tous les *propriétaires* à la condition du payement d'une *rente solidaire*.

La solidarité a fait admettre *l'usement de fief* qui permet de reconnaître l'inféodation au profit de tous les propriétaires du fief là où l'on trouve la preuve d'une rente solidaire.

En résumé, c'est là une propriété *ut singuli* et non *ut universi*, comme cela existe pour les communaux proprement dits.

La transformation en droit de propriété du droit de servitude respectivement possédé en Bretagne, tant par les ci-devant vassaux individuellement, créa, *ipso facto*, entre ces diverses catégories d'intéressés, un état d'indivision qui, lui-même, a ouvert en faveur de chacun d'eux, aux termes de la loi commune, le droit à une action en partage ayant pour objet de faire déterminer et fixer la quantité et l'étendue de la part de propriété revenant à chacun.

En Bretagne, il y a une grande étendue de landes; c'est une propriété qui, pour pouvoir être utilisée, avait besoin de dispositions légales particulières, car appartenant à un très-grand nombre d'habitants, la conséquence de cette possession commune, c'était l'état de stérilité, l'état d'abandon, d'inculture, d'improduction. L'on comprend que pour arriver à utiliser une propriété de cette nature, la première condition c'était de faciliter leur partage, c'était d'attribuer à chacun sa part légitime dans cette richesse indivise. Or, comment partager en justice, quand il fallait traduire devant un tribunal, des centaines, des milliers de copropriétaires, c'était chose sinon impossible, du moins tellement onéreuse que souvent la valeur du fond était absorbée par les frais du partage; il fallait donc arriver à trouver un moyen, une réglementation procédurière qui pût s'appliquer à cette situation tout à fait spéciale, qui devait avoir pour résultat de faire sortir la part de chacun de la masse commune, de telle sorte que chaque maître pût la faire fructifier, l'améliorer et la tourner à l'accroissement de sa fortune particulière.

Mais ce n'est là, comme on l'a fait observer avec le plus grand soin, qu'une loi de procédure, qu'une loi qui n'a d'autre portée, d'autre but que de simplifier les formes d'un partage qui, sans cela, eût été ruineux. Les droits des communes au fond et ceux des particuliers resteront ce que la loi de 1792, interprétée par la jurisprudence, les a faits. Ces droits ne reçoivent aucune atteinte.

Art. 2.

La demande en partage sera notifiée par voie d'affiches et de publications. — Elle contiendra la mention expresse qu'elle vaut ajournement à l'égard de tous les prétendants droit, et la désignation des terres à partager.

Le nombre des intéressés au partage des terres vaines et vagues est ordinairement considérable, et il y a lieu parfois de mettre en cause plus de mille copartageants dont les titres et qualités ne peuvent être exactement déterminés que par le résultat définitif de cette longue opération. Aussi était-il impossible d'exiger que l'exploit introductif d'instance fût notifié à tous les défendeurs. C'est par ce motif que la loi a voulu que, dans cette matière spéciale, l'ajournement par publications fût substitué à l'assignation individuelle prescrite par les règles du droit commun.

L'art. 1er, § 1er, établit le principe de publicité générale destiné à remplacer l'ajournement prescrit par le droit commun. Ce sera aussi un ajournement : mais au lieu d'être porté à domicile par l'huissier, il sera affiché et publié comme il est dit aux articles suivants de la loi.

Cet ajournement devra contenir la mention expresse de son but, qui est d'appeler, de citer tous les prétendants droit en justice, à l'effet d'opérer le partage des terres vaines et vagues désignées.

Cet exploit doit être rédigé, ce nous semble, avec toutes les formalités voulues en semblable matière, et conformément à l'art. 61 du Code de proc. civ, et la désignation des terres indivises doit être faite comme le prescrit l'art. 64 du même code. par nature, par tenants et aboutissants.

Art. 3.

Une copie de la demande sera signifiée à chacun des maires des communes de la situation des terres à partager. — Une autre copie sera affichée à la porte de la mairie. — Une dernière copie sera adressée au préfet; elle tiendra lieu, à l'égard des communes intéressées, du mémoire exigé par l'art. 51 de la loi du 18 juillet 1837. — La demande sera en outre publiée, à l'issue de la messe paroissiale, les deux dimanches qui suivront l'apposition de l'affiche.—L'accomplissement de cette dernière formalité sera constaté sans frais, par un certificat du maire.

En thèse ordinaire, le demandeur dirige son exploit introductif d'instance contre celui vis-à-vis duquel il veut exercer des droits. La procédure consacrée par cette loi spéciale n'est pas la même : l'assignation procède par voie de bannies, c'est-à-dire par voie d'invitation à tous, et notamment aux communes, de prendre part au partage projeté; de telle sorte que la procédure exigée par l'art. 3 n'est pas un exploit introductif d'instance qui engage nécessairement une contestation entre un demandeur et un défendeur, c'est une invitation, c'est un avertissement donné à la commune que ses droits peuvent péricliter, peuvent être mis en question dans une procédure dont va être saisi le tribunal; la commune intervient dans l'instance, si elle le juge convenable, elle défend ses droits, voilà comment elle procède. Mais il ne faut pas envisager ces formalités exigées par l'art. 4, comme engageant nécessairement la commune dans le litige où l'action en partage va être portée; la commune sera maîtresse, après la délibération du conseil municipal, après en avoir référé au préfet, son tuteur naturel, de prendre parti, de se poser comme contradicteur dans le débat engagé. Elle sera maîtresse de rester étrangère à l'instance et de laisser s'opérer le partage entre les indivisaires, reconnaissant ainsi, par son abstention, qu'elle n'a ni intérêt ni droit (1).

Il était nécessaire d'interpeller la commune dans la personne du préfet, car la voie de la tierce opposition lui étant enlevée désormais, elle aurait pu être dépouillée sans avoir été entendue et sans pouvoir se porter tierce opposante.

Il est bien essentiel de se pénétrer de l'esprit de loi, c'est l'économie des frais. Aussi dans les significations à faire, il est important de ne pas multiplier les originaux. Et nous pensons que l'huissier doit, autant que possible, ne faire qu'un seul rapport pour ces différentes significations, sauf le cas, bien entendu, où les maires et le préfet sont hors de la circonscription territoriale de l'huissier.

L'affiche doit être apposée à la porte de la mairie; s'il n'y a pas d'édifice spécial consacré à la municipalité, nous croyons qu'il faudrait préférer la porte de l'église à la porte de la maison du maire qui demeure souvent loin du bourg, de l'agglomération principale des habitants. Cette interprétation nous paraît conforme à l'intention de la loi. .

Quant à la copie qui doit être adressée, c'est-à-dire signifiée au préfet, elle a pour but de réveiller sa sollicitude, comme tuteur des communes, et de le mettre en demeure d'exercer les droits que lui confère l'art. 24 ci-après, et de dispenser des f.rmalités exigées par l'art. 51 de la loi du 18 juillet 1837.

La publication devant l'église paroissiale a donné lieu, de la part du rapporteur de la loi, à la remarque historique suivante : « Cette importance judicielle donnée aux bannies et affiches n'est en quelque sorte

----

(1) Jusqu'à 1846, la jurisprudence n'avait reconnu aux communes non inféodées du droit de communer que le droit de cantonnement qui existait au profit des anciens seigneurs, et qu'ils ne pouvaient exercer que lorsque les terres vaines et vagues excédaient par leur étendue *notablement les besoins des vassaux*, mais voir l'arrêt de cassation du 10 août 1846.

qu'un emprunt aux usages d'une province dont l'ancien droit municipal accordait une grande valeur à ce dernier mode de notification.» Ajoutons que l'exactitude des Bretons à se rendre chaque jour de dimanche au bourg communal pour assister aux offices de l'église, conserverait encore aujourd'hui les garanties désirables à cette forme particulière d'ajournement. Mais on ne retrouve pas les mêmes usages dans toutes les autres contrées de la France.

Comment se fera cette publication ? Il nous semble rationnel de décider qu'elle doit se faire au son du tambour, de la trompe ou du cri public. C'est un vieil usage auquel la loi paraît se référer, lui donnant ainsi une nouvelle consécration.

Le maire ou celui qui le supplée légalement, attestera, par un certificat, l'accomplissement de cette formalité.

Art. 4.

L'avoué du demandeur fera insérer dans l'un des journaux qui s'impriment dans le lieu où siége le tribunal devant lequel la demande est portée, et, s'il n'y en pas, dans l'un de ceux publiés dans le département, un extrait de la demande signé de lui et contenant : 1° la date de la demande; 2° les nom, profession et domicile de l'un des demandeurs; 3° les nom et domicile de l'avoué constitué pour les demandeurs; 4° l'objet de la demande; 5° le tribunal qui doit connaître de la demande et le délai pour comparaître; 6° la désignation des terres à partager. — Il sera justifié de cette insertion de la manière prescrite en l'art. 698 du Code de procédure civile.

Les formalités que prescrit cet article sont faciles à remplir. Elles ont leur analogue dans plusieurs dispositions de nos lois de procédure, notamment la saisie immobilière et les licitations. Il est cependant plusieurs remarques à faire : 1° L'extrait ne devra contenir que les qualités *d'un seul* des demandeurs afin d'éviter les longueurs et par suite les frais ; mais il nous paraît utile d'ajouter ces mots : *et consorts,* afin que les intéressés puissent, en se faisant donner communication de l'ajournement, connaître leurs adversaires et s'entendre à l'amiable avec eux, si faire se peut ; 2° Le délai de comparution nous semble devoir être d'un mois au moins, d'après les dispositions de l'art. 6, et l'avoué doit le calculer de manière à ce qu'il ait le temps de remplir les formalités prescrites par l'article suivant ; 3° La désignation des terres à partager doit être faite, selon nous, par nom ou lieu dit, situation ou indication du village et de la commune, par tenants ou aboutissants, deux au moins conformément du reste à l'art. 957 du Code de proc. civ. Une désignation comme celle exigée en matière de saisie immobilière, c'est-à-dire dépourvue de tenants et aboutissants, ne nous paraîtrait pas suffisante. Il faut que les tiers soient bien avertis, bien éclairés afin d'exercer leurs actions en distraction, par voie d'incident, au lieu d'agir plus tard par action en indemnité ; car, le partage consommé, leur propriété serait irrévocablement perdue. Et comme on le verra plus tard, l'art. 20 assimile les effets du partage définitif contre le copropriétaire, à ceux que produit l'adjudication d'après l'art. 717 du Code de proc. civ., contre le vendeur qui n'a pas conservé en temps utile son droit de résolution. C'est une peine portée contre l'homme négligent, qui ne tenant aucun compte de la publicité qui a eu lieu, a laissé disposer de son droit par la justice.

Art. 5.

Semblable extrait sera imprimé et affiché en forme de placard : 1° à la porte de la principale église de chacune des communes où sont situées les terres à partager ; 2° au lieu où se tient le principal marché de chacune de ces communes, et, s'il n'y en a pas, au marché le plus voisin ; 3° à la porte de l'auditoire du juge de paix de chacun des cantons de la situation des dites terres ; 4° à la porte extérieure du tribunal devant lequel le partage est poursuivi. — Ces appositions seront constatées par un procès-verbal d'huissier, rédigé et visé conformément à l'art. 699 du Code de procédure civile.

La loi substitue ici l'église à la mairie. Elle suppose qu'en Bretagne l'on va plus souvent chez le prêtre catholique que chez le magistrat municipal. C'est un échec à la révolution qui avait détrôné, en matière de formalités civiles, le curé au profit du maire. C'est une brèche ouverte qui n'aura pas sans doute de grandes conséquences et qui a été inspirée par le génie local, par les habitudes de ce pays peuplé de saints, et où l'esprit populaire s'est de si bonne heure réfugié dans la religion. Il n'y a pas à l'en blâmer, mais à l'en féliciter. Mais enfin voilà un précédent établi.

Cette innovation pourra avoir pour inconvénient de soulever des controverses sur le fait de savoir ce que l'on doit entendre par principale église. La mairie était une dans la commune, l'église est multiple. S'il s'agit d'afficher au chef-lieu du diocèse, la chose sera facile, la cathédrale ou la métropole sont là et aisées à distinguer, mais la distinction ne sera pas partout aussi appréciable.

Nous reproduirons ici l'observation que nous avons faite sur la nécessité de ne pas multiplier les originaux qui constateront l'accomplissement de ces formalités.

ART. 6.

Un mois après la dernière des publications, insertions et affiches ci-dessus prescrites, l'audience sera poursuivie par un simple acte d'avoué à avoué, soit par le demandeur, soit, à son défaut, par les défendeurs qui auront constitué avoué. — Avant de statuer, soit sur les exceptions, soit sur le fond, le tribunal vérifiera si toutes les formalités prescrites par la présente loi ont été remplies. — Si l'une ou plusieurs de ces formalités n'ont pas été remplies, le tribunal ordonnera, même d'office, qu'il y soit procédé dans le plus bref délai, et condamnera l'officier ministériel qui serait en faute aux frais causés par sa négligence.

L'audience est poursuivie par un simple acte d'avoué à avoué. Que doit-on entendre par ces mots? Est-ce un avenir, une sommation, ou des conclusions? Nous croyons qu'il est rationnel d'admettre l'avoué à exposer dans son acte que toutes les formalités prescrites ont été remplies, qu'ainsi, il y a eu copies signifiées à qui de droit, publication, insertion, affiche, ainsi qu'il appert de tels ou tels actes, de manière à ce que le défendeur connaisse la procédure et puisse proposer ses exceptions, et aider ainsi le tribunal à la vérification à laquelle la loi l'oblige. Évidemment, l'avoué adverse a le droit de rappeler à l'accomplissement des formalités; l'art. 6 l'exprime implicitement quand il dit que le tribunal ordonnera, *même d'office*, une nouvelle procédure plus régulière. C'est reconnaître que l'on peut la requérir.

Le ministère public, aux termes de l'art. 23, étant toujours partie dans ces sortes d'instances, communication devra lui être faite du dossier de la procédure. Il nous semble que c'est à lui, en donnant ses conclusions, à constater si les prescriptions légales ont été remplies, après un exposé fait à l'audience par l'avoué demandeur, exposé qui du reste ne sera que la reproduction orale, ou la lecture du simple acte dont nous avons parlé ci-dessus et que la nécessité de communication rend encore plus nécessaire, car cet acte sera en quelque sorte, le tableau, le reflet de la procédure accomplie.

Après avoir vérifié la forme, le tribunal s'occupera du fond. Or, il faut s'attendre que de nombreuses contestations surgiront. L'antagonisme déclaré entre les particuliers et les communes en Bretagne, la distinction entre les terrains vains et vagues et les terrains productifs pourront amener des discussions sérieuses qui ne peuvent trouver, pour leur solution, aucune lumière dans notre loi qui n'engage aucunement le fond du droit et l'interprétation dont il a pu être l'objet, à diverses époques.

L'art. 6 pose le principe de la responsabilité des officiers ministériels pour cause de négligence, et il établit, comme sanction pénale, la condamnation aux frais causés. Que veut dire cette disposition ? Que l'omission d'une formalité entraînerait la chute de toute la procédure faite et qu'il faudrait la recommencer. Il le semblerait, car autrement, on ne comprend pas trop bien que le tribunal puisse condamner à payer des frais se rapportant à des formalités qui n'ont pas été remplies, en ordonnant qu'il y sera procédé dans le plus bref délai. Une formalité non accomplie, c'est le néant, et le néant ne peut être une cause de frais. D'un autre côté, ne serait-il pas trop rigoureux de faire tomber toute une procédure pour un acte oublié? Ne serait-ce pas méconnaître l'esprit de la loi ? N'est-il pas plus simple, dans ce cas, de combler la lacune et de faire cet acte? Supposons en effet qu'à l'audience, le tribunal s'aperçoive, en faisant la vérification, que l'affiche n'a pas été faite à la porte de l'Église : il suspendra sa décision au fond et ordonnera l'accomplissement de cette formalité. Dans ce cas, il y aura lieu seulement d'accorder de nouveau le délai d'un mois, avant de prononcer jugement. Mais nous ne voyons nulle raison de ne pas faire profiter l'action introduite de tous les actes valablement faits. La loi en effet ne dit pas que le tribunal déclarera la nullité de la procédure; elle dit même, à notre avis, le contraire, en se bornant à énoncer qu'il intimera l'ordre de procéder à l'acte omis, dans le plus bref délai.

La condamnation aux frais contre l'officier ministériel ne doit donc s'entendre que de l'acte qui aura été imparfaitement fait et auquel manquera une formalité substantielle, comme, par exemple, la légalisation de la signature de l'imprimeur par le maire, et le visa sur le procès verbal de l'huissier.

Art. 7.

Les exceptions seront proposées par un simple acte. Les avoués des parties qui voudront contester seront seuls admis à conclure.

Il arrivera souvent que toute personne intéressée à ce que le partage, tel qu'il est indiqué, n'ait pas lieu, se hâtera de constituer avoué et proposera une exception. La loi indique le mode de procéder. Mais évidemment ces mots : *simple acte*, ne peuvent être interprétés avec une rigueur judaïque, car quelquefois on soulèvera les exceptions les plus graves. Il faudra tout au moins indiquer sommairement les moyens sur lesquels le défendeur fonde sa prétention, afin que son adversaire puisse se préparer à la combattre. Nous sommes d'avis que toute latitude doit être donnée à cette défense de part et d'autre, sauf à ne passer en taxe que l'émolument d'un simple acte. Ce sera aux parties à tenir compte à leurs avoués, si elles l'ont exigé d'eux, de l'excédant. Souvent elles préféreront payer un honoraire hors taxe et être mieux défendues par écrit signifié, de la même manière qu'elles prennent un avocat qu'elles honorent en dehors des frais du procès, pour qu'il se charge de leur défense orale.

Le même avoué pourra-t-il représenter des intérêts distincts et opposés? Nous n'y voyons aucune difficulté, d'autant mieux qu'il sera souvent impossible qu'il en soit autrement, à raison du grand nombre des intéressés et du petit nombre des avoués. Il en est ainsi sous le Code de procédure dans les liquidations, dans les ordres. Ils suppléent, par une impartialité et une loyauté généralement appréciées, à ce qu'a de délicat leur mission en pareille situation. Peut-être eût-il été sage, de la part de la loi, d'ordonner que toutes les parties non contestantes seront tenues de se faire représenter par le même avoué, par analogie de l'art. 760 du Code de proc. civ., et de décider qu'à défaut par elles de s'entendre sur le choix, le plus ancien occuperait de droit. C'eût été, dira-t-on, faire violence à la volonté de la partie, mais quand nul intérêt ne la dirige, il lui importe peu que le hasard opte pour elle. On aurait ainsi évité des frais qui, quoique réduits à leur plus simple expression, ne laisseront pas que d'être considérables.

De quelles exceptions la loi entend-elle parler? Évidemment de celles prévues par le titre IX du Code de proc. civ. : renvois, nullités, exceptions dilatoires, car la loi n'entend pas s'occuper ici des exceptions péremptoires du fond, ainsi que nous l'établissons dans l'article suivant.

Les avoués des parties contestantes seront seuls admis à conclure. Que doit-on entendre par ces mots? Pour contester, il faut avoir un intérêt réel et véritable qui est le seul mobile que puisse admettre la justice. Ce n'est donc pas une vaine exigence, une prétention chicanière qui aurait ce caractère. Là où il n'y a pas grief certain, évident, il n'y a pas motif sérieux de contestation.

Art. 8.

Les jugements rendus sur les exceptions, autres que celles d'incompétence, seront en dernier ressort.

Lorsqu'il s'agira d'exceptions relatives à des nullités de forme, défaut de qualité, etc..., le jugement rendu sera souverain. Mais quand il s'agira d'incompétence, comme c'est là une chose grave, le droit d'appel est réservé.

Ceci est une atteinte au droit commun, mais elle se rencontre fréquemment dans les lois spéciales, surtout dans celles qui organisent les procédures de ventes et de partages. D'ailleurs s'il arrivait qu'un jugement, statuant sur une exception, contînt une violation formelle de la loi, le recours en cassation pourrait réparer cette erreur de la justice et rappeler les magistrats à son exécution.

Cette restriction du droit d'appel prouve ce que nous avons dit, que la loi n'a entendu parler ici que des exceptions de forme; car s'il s'était agi d'une de ces exceptions du fond qui sont si graves par elles-mêmes, on n'aurait pu, sans violer tous les principes protecteurs de la propriété, détruire la règle des deux degrés de juridiction et donner à un simple tribunal de trois juges un pareil droit de souveraineté.

Art. 9.

L'exception prévue par l'art. 174 du Code de procédure civile ne pourra être invoquée; la défense à l'action en partage n'emportera pas attribution de qualité.

L'intention de la loi est l'accélération de la procédure qu'elle règle. Évidemment, elle n'eût pas atteint ce but si elle avait pu être entravée par l'exception dilatoire qui compète à l'héritier, à la veuve, à la femme séparée.

Mais aussi la loi devait empêcher que la défense au partage fît encourir des déchéances, ou entraînât des attributions de qualité. C'est ce que statue notre article.

Art. 10.

Le décès ou le changement d'état de l'un des défendeurs ne donnera lieu à aucun délai pour reprise de l'instance. —

En cas de décès ou de changement d'état de l'un des demandeurs, l'instance devra être reprise par ceux qui le représentent dans les huit jours qui suivront la notification du décès ou du changement d'état, sans qu'il soit besoin d'assignation à cette fin. — En cas de décès , démission, interdiction ou destitution de l'un des avoués de la cause, les parties pour lesquelles il occupait seront tenues, dans les quinze jours, de constituer un nouvel avoué. — Après l'expiration de ces délais, l'instance suivra son cours, à la requête de la partie la plus diligente.

Pour que la procédure marche vite, il ne faut pas qu'elle puisse éprouver les haltes, les points d'arrêt des actions ordinaires. Notre article n'est donc qu'un corollaire du précédent.

S'il y a décès de l'un des demandeurs, l'instance ne sera interrompue que huit jours. Mais qui notifiera le décès ou le changement d'état? Ce sera tantôt l'avoué du demandeur lui-même, tantôt l'avoué du défendeur. Dans le premier cas, on dira : L'une des parties pour laquelle j'occupais est morte ou a changé d'état, en voici la preuve; j'ai huitaine pour régulariser ma procédure. Dans le second cas, le défendeur dira : J'ai appris le décès ou le changement d'état de l'un de vos clients, j'ai intérêt à ce que la procédure soit faite régulièrement, mettez-vous en règle.

S'il y a décès, démission, interdiction ou destitution de l'un des avoués de la cause, les parties ont quinze jours pour se choisir un autre mandataire en justice, et il n'est pas même nécessaire de signifier ce changement d'état; les parties le connaissent toujours si elles surveillent leurs intérêts.

A plus forte raison, si le décès ou le changement d'état ne survient que chez un des défendeurs au procès, l'instance ne doit-elle être ni interrompue, ni suspendue.

Les art. 342 et suivants du Code de procédure étant la loi générale, restent applicables à la loi spéciale dans toutes les dispositions auxquelles il n'a pas été formellement dérogé. Et ce principe, remarquons-le une fois pour toutes, ne s'applique pas seulement à notre article, mais à toute la loi.

ART. 11.

Si aucune exception n'est proposée, ou après le jugement

des exceptions, chaque avoué sera tenu de conclure. — Les conclusions signifiées ne pourront excéder six rôles. Il ne sera admis aucune requête en réponse. — Un mois après le premier appel de la cause, le tribunal rendra son jugement ; ce jugement ne sera susceptible d'opposition ni de la part des parties qui n'auront pas constitué avoué, ni de la part de celles qui, ayant constitué avoué, n'auront pas déposé leurs conclusions. Le tribunal ordonnera, s'il y a lieu, le partage demandé ; il nommera d'office un ou plusieurs experts, et déterminera les bases de leurs opérations ; les experts prêteront serment devant le président du tribunal ou devant un juge de paix commis par lui, à la requête et en présence de l'avoué du demandeur. — Le tribunal pourra ne commettre qu'un seul expert, lors même que des mineurs ou autres incapables seraient intéressés au partage. — Le jugement qui aura ordonné le partage ne conférera aux parties en cause aucun droit sur le terrain à partager.

Les formalités de publicité prescrites par les art. 3, 4, 5 et 6 sont un appel aux intéressés, un avertissement pour qu'ils fassent valoir leurs droits, et alors deux cas peuvent se présenter : ou bien des exceptions, des contestations s'élèvent, ou bien tout le monde garde le silence, signe manifeste d'adhésion, de consentement. Dans le premier cas, un jugement est nécessaire pour vider les difficultés ; dans le second cas, le jugement est inutile, on aborde le fond, c'est-à-dire la question de partage de la chose commune, après conclusions posées.

C'est ici que pourront apparaître comme à leur place naturelle les exceptions péremptoires du fond dont l'énumération n'appartient pas à cet ouvrage, mais qui ont pour objet de faire juger définitivement, soit le rejet, l'extinction de l'action introduite, en tout ou en partie, soit le défaut de droit : ainsi, celle tirée de l'impossibilité de partager la propriété commune, celle tirée du défaut de qualité ou d'intérêt, les distractions, les revendications, les servitudes affectant la chose au point de la rendre indivisible, la détermination des droits d'usage et leur rachat par le cantonnement ou tout autre mode, etc., etc., questions nombreuses pouvant varier à l'infini, comme les modifications de la propriété elle-même.

Les conclusions ne pourront excéder six rôles, dit la loi, et il ne sera admis aucune requête en réponse. Cela veut dire que l'on ne pourra pas répliquer, car évidemment, l'avoué défendeur a le droit de signifier des conclusions tout aussi bien que l'avoué demandeur. La loi l'exprime d'ailleurs en disant : *chaque avoué sera tenu de conclure.*

Un mois après le premier appel de la cause, le tribunal rendra son jugement. Nous ne comprenons pas bien cette obligation de laisser dormir la procédure un mois s'il n'y a pas eu d'incidents, ni d'exceptions élevées. On conçoit le délai d'un mois exigé par l'art. 6 afin de donner aux intérêts opposés le temps de se produire, mais pourquoi un nouveau délai égal, quand la loi suppose, dans les articles précédents, l'instance liée entre toutes parties ? Pourquoi impartir un délai fixe, quand, dans certains cas, s'il y a des questions graves engagées, il est trop court; s'il n'y en a pas, il est trop allongé ?

L'opposition ne sera pas admise contre les jugements rendus, soit faute de comparaître, soit faute de conclure ou plaider.

Le tribunal ordonnera, s'il y a lieu, le partage demandé. Résulte-t-il de ces mots que le tribunal a un pouvoir d'appréciation pour juger de l'opportunité du partage, qu'il peut se refuser à l'ordonner s'il trouve qu'il serait défavorable aux parties ; qu'il n'en est pas de cette matière comme des matières ordinaires où nul n'est tenu de rester dans l'indivision ? Non, ces mots, *s'il y a lieu*, ne donnent pas au tribunal ce pouvoir exorbitant ; ils se rapportent seulement aux exceptions du fond qui pourraient être admises, par exemple si l'on prouvait que la terre est une propriété particulière à un individu et non aux anciens vassaux.

Doit-il y avoir deux jugements séparés, un sur les exceptions et un sur le fond ? Cela ne ferait pas de doute si nous étions ici dans les termes généraux du droit, tels qu'ils sont établis par les articles 173 et suivants du Code de proc. civ. Mais il s'agit d'une loi spéciale et l'art. 6 dit: Avant de statuer, soit sur les exceptions, soit sur le fond, le tribunal vérifiera si les formalités ont été remplies. Quelle nécessité en outre d'un jugement séparé sur les exceptions, quand l'exception seule d'incompétence est susceptible d'appel ? Ne serait-ce pas être infidèle à l'esprit de la loi que de multiplier les décisions judiciaires ?

La loi s'est inspirée de l'art. 425 du Code de proc. fait pour la justice sommaire et rapide, plutôt que de l'art. 172 du même code fait pour les actions ordinaires et lentes.

Le jugement devra nommer un ou plusieurs experts et déterminer les bases de leurs opérations. La nomination des experts aura toujours lieu *d'office;* c'est une dérogation à l'art. 305 du Code de proc. civ. La

base des opérations leur sera déterminée en ce sens que le juge indi-
quera le nombre de lots, les divisions, subdivisions à faire, etc....

A quoi bon la présence de l'avoué du demandeur devant le juge de
paix chargé de recevoir le serment de l'expert ? Pourquoi l'un en l'absence de l'autre ? C'est un voyage, un déplacement dont on pouvait
éviter les frais aux parties.

Il est fâcheux que la loi n'ait pas prévu le cas où l'expert ou les
experts refuseraient d'accepter leur mission, ce qui pourra arriver
souvent de la part des gens timides qui craignent d'exciter contre eux
les passions rivales, et qu'elle n'ait pas autorisé dans ce cas le remplacement sur simple requête au président, car en toute rigueur du droit,
il faudrait un nouveau jugement. Nous pensons que le tribunal doit
suppléer à cette lacune regrettable et doit insérer dans son jugement
une disposition qui dise; qu'en cas de refus ou d'empêchement quelconque, l'expert sera remplacé par une ordonnance sur simple requête
présentée et signée, non pas par l'avoué du demandeur seul, mais
par tous les avoués en cause, afin de conserver tous les droits.

La mission que la loi confie aux experts nous paraît aussi importante
que délicate, et exige beaucoup de soin et de scrupule dans le choix
qui sera fait. Les art. 13 et 14, que nous allons voir tout à l'heure,
chargent les experts de l'examen, du dépouillement des titres, et il
pourra se présenter devant eux des circonstances qui agrandiront
considérablement leur rôle. Les tribunaux devront donc s'attacher à
nommer des experts habiles et ayant, autant que possible, des connaissances en droit et en affaires. Il est une classe honorable de fonction-
naires qui leur sont naturellement indiqués : ce sont les notaires,
habitués par état à la rédaction des actes, au dépouillement des titres
de propriété et à l'estimation des biens.

Le jugement qui ordonne le partage ne sera pas déclaratif de
propriété, en ce sens que, jusqu'à solution définitive, tous tiers et ayants
droit, quoique ne figurant pas dans l'instance, pourront venir réclamer
leur part dans la chose commune, en justifiant de leur qualité. Il n'est
pas attributif de propriété même en faveur des parties en cause, parce
que le plus souvent ce n'est que par l'expertise, et sur les lieux, qu'on
peut apprécier si telle ou telle propriété donne droit au partage, si elle
est située dans le périmètre du fief, etc., etc.

Art. 12.

La partie assignée ou intervenante qui revendiquera, à tout autre titre que l'attribution contenue dans la loi du 28 août 1792, la propriété, en tout ou en partie, du terrain qui fait l'objet de la demande en partage, proposera ses moyens par des conclusions motivées, notifiées à tous les avoués en cause. — Les avoués dont les parties voudront contester seront seuls admis à conclure. — Les conclusions, tant en demande qu'en défense, ne pourront excéder douze rôles.

La loi du 28 août 1792, partant du principe de la propriété native des communes, leur avait attribué la propriété des terres vaines et vagues; mais ce principe n'est vrai que pour le reste de la France. En Bretagne, les terres vaines et vagues sont-elles la propriété, soit des communes, soit des ci-devant vassaux, suivant que les uns ou les autres *sont en possession du droit d'y communer?* Ce droit de communer est-il le point de départ de la propriété reconnue par l'art. 10 de la loi du 28 août 1792? Les communes n'ont-elles, en tant que *communes*, que le droit de cantonnement? Ou bien ont-elles des droits de propriété résultant de leur substitution à la puissance seigneuriale?

Il peut arriver que la vive controverse qui a déjà agité les tribunaux de la Bretagne s'élève, malgré l'autorité de la cour de cassation elle-même. Cette controverse était basée sur la question de savoir si le droit commun de la France, établi par la législation de 1792 et 1793, et qui consiste dans la dévolution aux communes de la totalité de la propriété des anciennes terres vaines et vagues qui appartenaient aux seigneurs, s'applique aux communes de Bretagne aussi bien qu'aux communes du reste de la France.

« Plusieurs particuliers, a-t-on dit (1), se fondant sur les dispositions du texte de l'art. 10 de la loi du 28 août 1792 que nous avons cité sous l'art. 1er de ce commentaire, ont prétendu qu'à la différence des communes du reste de la France, celles de Bretagne n'avaient un droit de dévolution sur les terres vaines et vagues qu'aux mêmes conditions que les particuliers bretons, c'est-à-dire, à la charge de justifier d'une ancienne inféodation du droit de communer.

____

(1) M. Chégaray.

» Il a été soutenu, au contraire, par les communes bretonnes, que le droit commun était le même à leur égard que pour les autres communes de la France; qu'elles étaient de plein droit substituées à la propriété seigneuriale des terres vaines et vagues; que seulement, par suite d'une disposition spéciale à la Bretagne, leur droit général, leur droit commun devait céder devant celui des particuliers qui justifiaient d'une inféodation ancienne, mais à la condition pour ces particuliers, de faire la justification expresse de leur ancien droit, et à la condition encore que ce droit en propriété n'eût qu'une étendue proportionnelle à l'exercice de l'ancien droit d'usage. C'est ce principe si favorable aux communes qui, malgré une résistance opiniâtre, malgré une certaine tergiversation de la jurisprudence, et malgré une sorte de conspiration de l'intérêt privé contre l'intérêt public communal, a fini par prévaloir devant la cour de cassation dans un arrêt rendu le 10 août 1846.

» Cet arrêt jusqu'ici fait jurisprudence et a été adopté définitivement par la cour d'appel de Rennes, dont la doctrine avait été jusque-là vacillante et contradictoire. C'est un arrêt de principe qui, interprétant la législation, s'incorpore en quelque sorte avec elle, en proclamant les véritables principes qu'elle a posés (1). »

Mais néanmoins, malgré l'autorité de ces arrêts, il faut reconnaître que la controverse peut encore surgir : tant que la loi sera muette à cet égard, la question restera dans le domaine de l'interprétation. Un honorable représentant, que l'on peut considérer comme le père de cette loi qu'il a fécondée et élucidée de son esprit aussi éminemment pratique que distingué (2), avait voulu introduire une disposition qui tendait à écarter la prétention des communes lorsqu'elles viennent attaquer des partages déjà consommés entre particuliers. Mais comme on ne voulait pas prendre parti sur des questions de principes relatives au droit de propriété, on ne crut pas devoir donner place à cette disposition dans la loi. Il fut donc bien entendu que l'on ne faisait qu'une loi procédurière touchant la forme et non le fond, et que les droits à la propriété, quels qu'ils pussent être, demeuraient sous l'empire de la loi du 28 août 1792 et sous l'appréciation des magistrats appelés à l'interpréter.

C'est sous le mérite et dans le sens de ces explications qu'il faut entendre l'article qui nous occupe, et qui n'a d'autre but que de régler

____

(1) Nous copions M. Chégaray; nous nous en référons à la doctrine que nous avons émise en tête de ce *Commentaire*, dans notre dissertation sur le *droit breton*, en cette matière.

(2) M. Favreau.

la forme propre à mettre à part et en lumière les droits prétendus de part et d'autre.

Dans le précédent article, la loi suppose que le partage suit sa marche ordinaire sans incident ni conclusions déterminées, et elle fixe le mode et les limites de l'instruction qu'elle autorise : ici elle prévoit le cas où la contestation naîtrait d'une revendication de propriété en tout ou en partie, et dans ce cas, elle autorise la signification de conclusions motivées plus longues. Mais que veulent dire ces mots : à tout autre titre que l'attribution contenue dans la loi de 1792? Cela veut-il dire : Je permets de signifier douze rôles quand il s'agira de toute contestation étrangère à la loi du 28 août 1792; mais s'il s'agit de cette loi, je ne permets que six rôles, conformément à l'art. 11, parce que je considère que les difficultés qui naîtront de son application peuvent se vider en peu de mots. Nous ne concevons pas trop cette distinction qui nous paraît peu justifiée par la gravité immense des questions qu'a soulevées la loi de 1792 sur le sol breton. Mais nous avons consulté un des auteurs de la loi afin de nous bien fixer sur ses intentions, et il nous a été répondu que la controverse élevée à l'occasion de l'interprétation, de l'application de la loi citée était une chose si rebattue en Bretagne que des développements à cet égard avaient paru complétement frustratoires. Nous nous inclinons, en faisant observer toutefois que la loi n'ayant imposé, dans aucune de ses dispositions, la nécessité de grossoyer, on aura, en minutant, plus de place pour la discussion des moyens.

Comme la revendication menace toutes les parties en cause, et que toutes ont intérêt à l'écarter, la demande en intervention devra être signifiée à tous les avoués de l'instance.

Art. 13.

Les parties qui auront constitué avoué seront prévenues, par de simples lettres des experts, qu'elles doivent leur remettre, dans le délai de quinze jours au plus tard, leurs titres de propriété et l'indication des immeubles à raison desquels elles demandent à être admises au partage. — Les experts feront, en outre, afficher : 1° à la porte de la mairie et à celle de la principale église des communes où sont situés les biens à partager ; 2° aux autres endroits mentionnés aux n°ˢ 2, 3 et 4 de l'art. 5, un avis portant qu'ils recevront les titres et demandes de tous les intéressés, même de ceux qui ne sont pas dans l'instance. — Cet avis sera, en outre, publié à l'issue de la messe paroissiale des communes de la situation, le dimanche qui suivra l'apposition de ces affiches. — Il sera, de plus, inséré dans le journal dans lequel aura été publié l'extrait de la demande, conformément à l'art. 4 qui précède. — Les experts feront mention, dans leur rapport, de l'accomplissement de ces formalités.

Les parties devront remettre aux experts leurs titres de propriété. Mais très-souvent il arrivera que ces titres de propriété résulteront de la prescription, et dès lors elles ne pourront rien déposer. Dans ce cas, les experts devront, dans leur procès-verbal, établir les dires et prétentions des parties, sauf au tribunal à statuer.

L'avis que les experts devront faire afficher, aux termes de notre article, devra-t-il être imprimé? Nous le pensons; les frais d'impression sont minimes, eu égard à l'utilité que le public pourra retirer de cet avis. Et d'ailleurs de nombreuses copies manuscrites consommeraient un temps qu'il faudrait rémunérer d'après l'axiome positif des Anglais : Le temps, c'est de l'argent.

A plus forte raison, sommes-nous de l'avis de l'impression pour les lettres que la loi charge les experts d'écrire aux parties, car elles peuvent être si nombreuses qu'il y aura une économie incontestable. Les lettres doivent-elles être remises à la poste? Nous ne le pensons pas, et nous croyons que les experts feraient mieux d'en charger un agent quelconque, comme le garde champêtre, par exemple. Il est important de ne pas perdre de vue que les lettres sont la seule mise en demeure directe que la loi autorise avant de faire courir des déchéances graves.

Il est vrai que notre article organise une assez grande publicité pour suppléer à l'avertissement direct, en renvoyant aux affiches, bans et insertions prescrits par l'art. 5, mais il n'est pas moins vrai que ces choses peuvent échapper à l'intéressé, puisque rien de tout cela ne va le trouver chez lui, dans son domicile, pour le tirer de son sommeil. Et cet article est, il faut le dire, une dérogation aux principes en général protecteurs de la propriété. Du reste, en confiant une mission de loyauté aux experts, la loi a dû compter sur leur loyauté.

L'avis à afficher pourrait être brièvement rédigé en ces termes : « On fait savoir à tous ceux qu'il appartiendra, qu'en vertu d'un jugement rendu tel jour, par tel tribunal, tels et tels ont été nommés experts à l'effet de faire un rapport sur le partage des biens indivis entre un tel (le nom du demandeur représenté par M* N., avoué audit tribunal, situés (indiquer et désigner la commune et les biens) et consorts ; que voulant procéder aux opérations dont il sont chargés, ils donnent avis à tous les intéressés que tels jour, lieu et heure, ils recevront les titres de propriété, demandes, réclamations et observations utiles qui pourraient leur être présentés par tous ayants droit, même ceux qui ne seraient pas dans l'instance, et qu'à défaut par eux de le faire, ils encourront toutes déchéances de droit. Fait et affiché tel jour, tel lieu et à telle date. » Signatures des experts.

Ces affiches se feront-elles par le ministère de l'huissier ? Il ne nous semble pas que ce soit le vœu de la loi. L'expert est chargé par elle de cette mission ; il doit constater l'accomplissement de ces formalités, et nous croyons que, nommé par la justice, revêtu par elle d'un caractère public, il offre assez de garanties de capacité, de moralité, d'intelligence pour que l'on doive s'en rapporter à lui. D'ailleurs on ne renvoie point pour la justification des insertions et affiches aux art. 698 et 699 du Code de proc. civ.

La loi n'indique pas de délai pour la production des titres et des réclamations, d'où il résulte que l'on peut faire cette production jusqu'au dépôt du rapport. Cette latitude est regrettable, et il eût été utile de fixer des limites à ce droit qui, exercé en tout temps, viendra souvent et très-inopportunément bouleverser un travail préparé.

Art. 14.

Les experts donneront leur avis, tant sur les demandes ou prétentions des parties en cause, que sur les droits des intéressés qui ne seraient pas dans l'instance, et qu'ils croiraient devoir être admis d'office au partage. Conformément à cet avis et aux bases déterminées par le tribunal, ils dresseront le projet de partage. — Leur rapport sera terminé dans les quatre mois de la sommation faite en exécution de l'art. 307 du Code de procédure civile, à moins que le jugement qui les a commis n'ait fixé un délai plus long ; ce délai expiré, ils seront passibles de dommages-intérêts, s'il y a lieu. — Le rapport sera déposé au greffe, où toute personne pourra en prendre communication : il ne sera ni expédié ni signifié.

Voici le cercle de la mission des experts considérablement agrandi, ce qui prouve la justesse de nos observations sur la nécessité, de la part du tribunal, de faire porter son choix sur des hommes intelligents et capables, habitués aux affaires juridiques. Souvent ils auraient besoin d'un guide impartial et désintéressé pour les aider dans l'accomplissement de leurs graves devoirs. Et il est à regretter que des hommes aussi éclairés que ceux qui ont pris part à la discussion de la loi, se soient obstinés à repousser la proposition qui avait été faite de nommer un magistrat du tribunal pour présider aux opérations du partage, et y coopérer effectivement par sa présence sur les lieux, en cas de nécessité. De son cabinet même, il aurait pu donner aux experts des avis très-utiles qui leur manqueront.

Les experts, livrés à leurs propres forces, devront donc rédiger un procès-verbal de leurs opérations et donner leur avis, tant sur les demandes ou prétentions des parties en cause, que sur les droits des intéressés qui ne seraient pas dans l'instance et qu'ils croiraient devoir être admis d'office au partage. Mais ils devront le faire d'une manière simple et brève.

Il est bien clair que leur rapport à cet égard n'aura qu'une valeur consultative et que le tribunal pourra le réformer.

Ce droit donné aux experts d'admettre au partage d'office, nous paraît tout à fait irrationnel. En effet, partant de cette idée que trois cents individus, au lieu de deux cent quarante, doivent être admis, ils dresseront un projet de partage qui fera trois cents lots. Viendra le tribunal qui réduira le nombre de ces partageants à deux cent quarante : de quoi deviendront les lots excédants ? Faudra-t-il renvoyer les experts de nouveau sur les lieux pour faire un nouveau lotissement ? On aurait évité cet inconvénient si l'on avait nommé un juge-commissaire qui, revêtu des pouvoirs du tribunal, comme son délégué, eût eu le droit de décider en premier ressort de l'admissibilité au partage. Nous ne voyons pas trop comment les experts feront un travail très-utile en l'appuyant sur une base aussi précaire, aussi provisoire.

Un magistrat, non-seulement éclairé, mais surtout pratique, ce qui, dans ce cas, devait lui donner une double autorité (1), avait fortement motivé la nécessité de nommer un juge-commissaire, et nous avouons franchement que les observations que l'on a présentées pour repousser sa demande ne nous ont pas convaincu. Toutefois, nous n'admettons pas, pour justifier cette nécessité, le motif tiré de ce que « les rapports des experts en matière de terres vaines et vagues effrayent par leurs

---

(1) M. Chégaray.

volumes monstrueux et la monstrueuse quantité de vacations qu'ils supposent ; » nous aimons à croire que c'est là une hyperbole oratoire, et que si les experts oubliaient à ce point leurs devoirs, les magistrats taxateurs sauraient bien, non-seulement les leur rappeler, mais encore leur ôter la confiance imméritée dont ils les auraient investis.

Le rapport devra être terminé dans les quatre mois qui suivront la sommation qui leur aura été faite pour venir prêter leur serment, conformément à l'art. 307 du Code de proc. civ. D'où il suit que, bien que l'art. 44 n'en parle pas, il faudra sommer les experts de venir remplir cette formalité devant le juge. Ce sont des frais que l'on aurait pu éviter, car lorsqu'il s'agit d'une mission gracieuse et rétribuée, les experts s'empressent de l'accepter, et une simple lettre de l'avoué aurait suffi, comme dans le cas prévu par l'art. 13, où l'on admet qu'une simple lettre de l'expert doit suffire. Cette rédaction n'est pas heureuse, et nous engageons les avoués à éviter les frais d'une sommation que nous considérons comme inutile, et alors le délai pour le dépôt du rapport courrait du jour de la prestation de serment.

Art. 15.

L'avoué du demandeur dénoncera le dépôt du rapport par acte d'avoué à avoué, avec sommation de contredire dans le mois. — Avis du dépôt, avec semblable sommation à tous les intéressés de contredire dans le même délai, sera, par les soins du demandeur, affiché, publié et inséré comme il est dit en l'art. 13. — Cet avis ne contiendra point le nom des parties. — Il sera justifié de cette insertion et de ces affiches dans les formes tracées aux art. 698 et 699 du Code de procédure civile.

La division d'un canton de terre vaine et vague de quelque étendue soulève ordinairement plusieurs espèces de contestations. A côté des copartageants et de ceux qui se présentent à ce titre, il est rare de ne pas rencontrer quelque partie qui réclame au moins quelques portions du commun comme sa propriété personnelle et exclusive. Avant de procéder au partage, il faut cependant que l'on soit bien fixé sur les débordements de l'immeuble dont il s'agit d'opérer la division : ce n'est qu'après l'apurement de ces débats, qui forment comme le préliminaire de l'instance, que l'on commence à être en mesure d'apprécier les droits respectifs des copartageants. Cette investigation, souvent très-laborieuse, exige la confrontation de tous les titres et la vue des héritages pour l'exploitation desquels les droits d'usage avaient été établis. Comme elle doit être faite sur les lieux, comme elle réclame des connaissances spéciales, le juge est ici obligé de recourir à l'entremise des experts, et son rôle se borne ensuite à prononcer sur les difficultés que soulèvent leurs avis.

Le rapport déposé, ceux qui ont intérêt à le contredire sont mis en demeure : 1° par une sommation d'avoué à avoué, 2° par un avis affiché, publié et inséré conformément à l'art. 13. Le délai est d'un mois. L'affiche devra être constatée par un procès verbal de l'huissier, et l'insertion par un exemplaire du journal, avec légalisation.

L'avis publié et inséré ne doit point contenir le nom des parties ; cependant il importe de le rédiger assez clairement pour que l'on puisse bien reconnaître les objets dont il s'agit, car il peut se faire que, dans le même temps, devant le même tribunal, il soit poursuivi plusieurs actions en partage, et qu'il puisse résulter de là quelque confusion pour les divers intéressés.

Art. 16.

Les contredits seront inscrits sommairement par l'avoué à la suite du rapport, dans le délai susénoncé, à peine de forclusion. Le demandeur, ceux qui auront contredit, et les parties dont les droits seraient contestés, seront seuls en cause. — Les conclusions ne pourront excéder six rôles. — La cause sera portée à l'audience sur un simple acte.

La procédure indiquée ici, a quelque analogie avec la procédure d'ordre, et l'art. 16 s'est inspiré, on le voit, des dispositions de cette matière ; mais elle s'en éloigne, on ne sait pourquoi, en ne chargeant pas un juge de faire un rapport sur les contestations, dans des causes si compliquées de leur nature, que, la plupart du temps, elles ne pourront se vider que sur un délibéré. Car il nous semble bien difficile de saisir à l'audience, dans un débat oral, les difficultés variées qui s'élèveront. Un magistrat dont la voix impartiale se serait fait entendre au milieu de ce choc d'intérêts multiples, pour les séparer, les distinguer, les apprécier, nous paraissait une mesure bonne, utile, beaucoup plus indispensable que dans d'autres matières, comme les ordres, les partages où elle est obligatoire.

Art. 17.

Après le jugement des contestations, ou s'il n'a été fait dans le mois aucun contredit, les experts procéderont immédiatement au partage. — Le partage aura lieu par attribution de lots.

Les contestations vidées, s'il y en a, ou le procès-verbal des experts entériné, le partage suit. Ce partage aura lieu par attribution de lots.

Les experts devront donc se rendre sur les objets à partager, et là, faire les lots et les attribuer, dans leur nouvelle opération, à chacun des ayants droit. C'est une dérogation au principe posé par l'art. 834 du Code civil qui soumettait au tirage au sort l'attribution des lots.

Mais est-ce à dire que toutes les règles des partages ordinaires doivent être complétement mises de côté ; que, par exemple, dans la formation et composition des lots, on ne doive pas éviter, autant que possible, de morceler les héritages et de diviser les exploitations ? Ce serait mal interpréter la loi spéciale que de ne pas l'harmoniser avec la loi générale. Il y a des convenances respectives qui ne blessent personne et que l'on doit prendre en considération.

L'exploitation pourrait en devenir plus facile, et par suite plus fructueuse dans l'intérêt général.

Il est encore dans l'esprit de la loi que, s'il y a possibilité d'annexer le lot d'un copartageant à l'héritage qu'il possède déjà, on doive le faire. « Chacun des copartageants, a dit le rapporteur de la loi, est appelé à recueillir une partie du commun proportionnée à l'importance des héritages pour lesquels il exerçait des droits d'usage. L'inégalité des lots est par suite inhérente à ces sortes de partages *pro modo jugerum*. Ces lots perdraient ainsi la plus grande partie de leur valeur pour celui qui doit les recueillir, s'ils ne pouvaient pas être facilement annexés à ses héritages voisins. » C'est dans ce but, du reste, que l'on n'a pas admis le tirage au sort des lots qui eût rendu l'exécution de cette pensée impraticable, puisque les droits des parties ne sont pas égaux et sont proportionnés à l'étendue des héritages riverains ou autres ayants droit de communer.

Art. 18.

Le rapport définitif des experts sera déposé au greffe ; il ne sera ni expédié ni signifié : toutefois, les intéressés pourront s'en faire délivrer, à leurs frais, soit une expédition, soit des extraits. — Les avoués seront sommés de prendre communication et de contredire, s'il y a lieu. — Les contredits devront être inscrits à la suite du rapport, de la manière et dans le délai prescrits par l'art. 16. — Il sera statué sur ces contredits conformément au même article.

Les experts rapportent leur travail définitif qui est déposé au greffe, où les avoués des parties intéressées peuvent en prendre communication, sur sommation. En cas de contredit, il est procédé comme il est dit à l'art. 16.

Le rapport d'experts ne devant pas être expédié et la communication devant en être faite seulement au greffe sans déplacement, à cause du grand nombre de personnes qui viendront le consulter, nous conseillons aux avoués d'en faire tirer, avant le dépôt, quelques copies sur papier libre ; nous croyons qu'ils auront à se féliciter de cette précaution, dont ils apprécieront l'utilité.

Art. 19.

Le jugement qui statue sur les contredits prononce définitivement sur le partage. Il ne pourra être signifié qu'aux avoués des parties qui auront pris part au débat sur les contredits. Le jugement sera en outre signifié, dans l'intérêt de tous les ayants droits, par le demandeur, ou, à son défaut, par la partie la plus diligente, au maire de la commune de la situation des terres à partager, et au préfet du département. — S'il n'est fourni dans le mois aucun contredit, le partage demeure définitivement arrêté, conformément aux propositions des experts. Leur rapport sera rendu exécutoire par une ordonnance du président du tribunal. Cette ordonnance ne sera susceptible ni d'opposition ni d'appel.

Toutes ces formalités protectrices de la propriété ayant été accomplies, le jugement définitif est prononcé ; dès ce moment le partage est à peu près consommé, l'indivision va cesser d'être une cause de stérilité, une source de discordes. La propriété vaine et vague jusquelà, grâce à cette indivision funeste, va devenir productive et féconde.

Mais comme l'erreur, malgré les précautions minutieuses prises par la loi, a pu encore se glisser dans les opérations du partage, l'art. 19 accorde un dernier délai. Le jugement devant être signifié au maire de la commune de la situation des objets à partager et au préfet du département, on a encore un mois pour fournir son contredit; ce n'est qu'après l'expiration de ce délai, que le partage demeure définitivement arrêté.

Le contredit sera encore étendu sur le rapport des experts, qui est, comme on le voit, la pierre angulaire de cette procédure un peu compliquée, il est vrai, mais qui ne pouvait pas être autrement peut-être, à raison de la multiplicité d'intérêts qu'elle met en jeu. Ce sera de là que sortiront, comme d'une matrice féconde, les titres qui agrandiront le domaine des propriétaires, et par suite en feront des citoyens plus utiles à leur pays. Nous voudrions que la formule d'exécution qui sera délivrée par le président fût aussi brève que possible, afin d'éviter des frais. A cet égard, on peut s'en rapporter au sentiment religieux des magistrats.

Cet article réalise une grande économie en restreignant la signification du jugement aux avoués des parties qui ont contredit. On aperçoit en effet que si cette formalité toute simple, peu coûteuse dans les cas ordinaires, devait être remplie dans cette matière spéciale vis-à-vis de mille ou deux mille intéressés, elle deviendrait immédiatement tellement onéreuse que l'on reculerait devant un partage, car souvent la valeur même des objets indivis n'y suffirait pas (1).

Art. 20.

Après le jugement ou l'arrêt qui statue sur les contredits, ou, à défaut de contredits, après l'expiration du délai fixé par l'article précédent, les partages opérés conformément à la présente loi ne pourront être l'objet d'aucun recours de la part des intéressés, mineurs, interdits ou autres incapables, qui prétendraient avoir des droits sur les terres partagées, en vertu de l'article 10 de la loi du 28 août 1792, et qui n'auraient pas élevé de contredit sur le rapport définitif des experts. — Les réclamations élevées à tout autre titre ne pourront donner lieu qu'à une indemnité contre les copartageants.

---

(1) M. Favreau.

Après avoir pris tant de précautions pour sauvegarder tous les intérêts, la loi avait le droit de poser une barrière à de tardives prétentions; c'est ce qu'elle fait par le présent article, qui fixe le sort de la propriété soumise au partage en lui donnant un caractère d'attribution définitive.

On avait même été jusqu'à penser qu'aucun recours ne devait être admis contre les partages de cette nature; mais une telle rigueur parut excessive au conseil d'État, qui fut d'avis que les propriétaires qui réclameraient à un autre titre que celui qu'ils tiendraient de la loi du 28 août 1792 ne devaient pas être déchus de leur action. La loi a consacré cette opinion, mais toutefois en exprimant, par une disposition formelle, que les réclamations ne pourraient point renverser le partage territorial et l'attribution consommés, mais donneraient lieu seulement à une indemnité contre les copartageants.

C'est quelque chose de sévère que de déclarer déchu de son droit un citoyen parce qu'il n'est pas venu le faire valoir dans une instance à laquelle il n'a pas été directement appelé par une assignation, par une interpellation personnelle. Toutefois c'était une chose nécessaire, à moins de frapper d'une instabilité complète tous les partages qui, s'opérant entre un très-grand nombre de parties, peuvent toujours être incomplets, quant à la procédure.

CHAPITRE II.

DE LA PROCÉDURE EN APPEL.

ART. 21.

L'appel des jugements rendus dans l'instance en partage de terres vaines et vagues devra être interjeté dans le mois de la signification du jugement. — Ne pourront être intimées sur l'appel que les parties qui auront conclu, devant les premiers juges, sur les chefs qui donnent lieu à l'appel. — L'acte d'appel sera notifié au domicile de l'avoué; il ne lui sera laissé qu'une seule copie, quel que soit le nombre des parties qu'il représente.

ART. 22.

L'affaire sera instruite et jugée, en cause d'appel, dans

les formes et suivant la procédure tracée par les articles précédents pour les tribunaux de première instance.

Ces deux articles règlent la procédure en appel; ils limitent à un mois le délai du droit commun. Ils ne permettent d'intimer que les parties véritablement intéressées, et indiquent le domicile de l'avoué comme absolument compétent pour recevoir l'appel.

La loi n'autorise qu'une copie de l'acte d'appel. Elle suppose que l'avoué à qui elle sera notifiée, ne représente qu'un seul intérêt. Mais, comme nous l'avons dit, souvent il peut en représenter de complétement opposés. Comment fera l'intimé pour remettre à son avoué d'appel la pièce qui lui sera nécessaire comme base de son mandat d'occuper? Nous pensons donc qu'il n'y aurait point de frustration à autoriser une copie pour chaque intimé ayant un intérêt distinct.

L'affaire, dit l'art. 22, sera instruite et jugée, en cause d'appel, dans les formes et suivant la procédure tracée par les articles précédents pour les tribunaux de première instance.

Cela est d'un laconisme désespérant : on a compté évidemment sur l'intelligence des avoués de cour d'appel; on a eu raison : mais il est évident que rien de ce qui a été dit dans les vingt articles qui précèdent ne trace des formes de procéder applicables à la cause d'appel, et il eût été bien plus simple de dire : La cause d'appel sera jugée comme en matière ordinaire, sauf la restriction et la limitation des rôles de requêtes. En général, et c'est une observation qui s'applique à toutes nos lois, on s'imagine à tort que les procès sont en appel ce qu'ils sont en première instance; il y a des différences profondes, et le Code de procédure lui-même commet cette erreur quand il se borne à régler par trente articles la procédure d'appel (1). Il en est de même de cette loi particulière, et les avoués des cours seront obligés de créer la procédure sur cette matière. Du reste, cela leur sera facile en se pénétrant bien de son esprit qui est celui de toutes les lois de notre époque de simplification : Rapidité de formes, économie de frais.

---

(1) Nous avons conçu depuis longtemps le projet de publier un *Traité de la Procédure en appel*, pour lequel nous avons déjà réuni de nombreux matériaux. C'est, nous le pensons du moins, une lacune à combler. Mais le temps manque même aux plus laborieux, et dans les circonstances où est le pays, tout est en suspens.

CHAPITRE III.

DISPOSITIONS GÉNÉRALES.

ART. 23.

Le ministère public sera toujours entendu dans les instances réglées par la présente loi.

Notre article a pour but de donner une garantie incontestable aux droits de tous, en exigeant la communication au ministère public. Cette communication doit avoir lieu à chaque incident de la procédure, et le jugement doit constater l'audition du magistrat qui aura tenu le parquet.

ART. 24.

Dans la quinzaine de la demande en partage, le conseil municipal délibérera sur les droits de la commune à la propriété de tout ou partie des terres à partager. Sa délibération sera soumise au préfet dans la huitaine. — A défaut, par la commune, de faire valoir les droits qu'elle pourrait avoir, le préfet pourra les exercer devant le tribunal de première instance, de l'avis de trois jurisconsultes désignés conformément à l'ar' 467 du Code civil. — Le préfet ne pourra interjeter appel, ou se pourvoir en cassation, qu'après un nouvel avis obtenu dans la même forme. — Le délai de l'appel et du pourvoi, en ce qui concerne les communes, continuera à être de trois mois.

D'après le système de procédure organisé, la commune n'est pas nécessairement partie en cause ; elle est seulement avertie, dès lors son conseil municipal doit être appelé à en délibérer. Mais comme, au-dessus des communes, la loi a placé un tuteur spécial : le préfet, cette délibération devra être soumise à sa haute appréciation. Pourquoi cela ? Parce que quand il s'agit de terres vaines et vagues, les communes étant présumées avoir des droits sur les objets à partager, ces droits probables peuvent être compromis par les intérêts individuels et privés des membres de la commune, qui, à raison de ces intérêts individuels mêmes, seront peu soucieux de mettre en relief ou de faire valoir les droits de l'être moral, c'est-à-dire de la commune. Aussi a-t-on compris qu'il y avait utilité à donner un rôle de surveillance, un droit d'intervention destiné à protéger les intérêts de la commune contre les intérêts actuels, mais variables, des divers habitants de la commune. Ce droit d'intervention est accordé au préfet devant tous les degrés de juridiction, même de cassation, à défaut de la commune, mais sous la garantie de l'avis conforme de trois jurisconsultes ayant éclairé le préfet et l'ayant averti de la légitimité des droits que la commune a refusé de mettre en mouvement. Ces jurisconsultes doivent être désignés conformément à l'art. 467 du Code civil.

Dans ce conflit entre la commune et l'autorité administrative, la loi a voulu faire intervenir la sagesse de trois jurisconsultes qui sont présumés agir dans une complète indépendance. Cette disposition se justifie par cette considération que le préfet entouré de son conseil de préfecture peut bien, en matière d'administration, offrir assez de garanties en lumières, en impartialité pour se diriger; mais en matière de droit breton, lui et ses conseillers peuvent être parfaitement ignorants et avoir besoin d'être éclairés sur les conséquences d'une action en justice. La loi les oblige à recourir à des hommes spéciaux. Il est à craindre que cet excès de précautions n'amène des résultats tout contraires à ceux que veut atteindre la loi.

Les motifs de la différence du délai d'appel accordé aux communes et autres parties sont ceux-ci :

L'appel ou le pourvoi de la commune doit être nécessairement précédé d'une délibération du conseil municipal. Si le préfet pense que la délibération n'est pas suffisamment conforme aux droits et aux intérêts de la commune, l'on donne au préfet le droit tout particulier d'exercer pour la commune la faculté d'appel ou de pourvoi en cassation. Eh bien! il est évident que toutes ces formalités seraient le plus souvent illusoires si l'on n'avait donné à la commune que le délai d'un mois. En effet, la plupart du temps, au moment où le jugement sera signifié, le conseil municipal n'eût pas été en session. Il faut, dans ce cas, demander au préfet ou recevoir de lui d'office l'autorisation d'une convocation spéciale; le conseil municipal délibérera, sa délibération sera transmise au sous-préfet ou au préfet; le préfet devra consulter trois jurisconsultes. Tous ceux qui connaissent l'espace de temps qu'entraînent les difficultés administratives lorsqu'il s'agit d'arriver de la campagne où le conseil municipal délibère, jusqu'au chef-lieu où le préfet devra statuer, tous ceux qui connaissent ces difficultés auraient trouvé le délai d'un mois insuffisant. Puisque l'on imposait à des parties des formalités particulières, il fallait leur donner le temps de les accomplir.

ART. 25.

Dans aucun cas, les jugements ou arrêts contradictoirement rendus ne pourront être signifiés à partie. — La signification à avoué produira tous les effets attachés par la loi à la signification à partie. — Il ne sera signifié à chaque avoué qu'une seule copie des jugements et arrêts, quel que soit le nombre des parties qu'il représente.

Le motif de la loi est facile à saisir et se retrouve dans toute son économie. On est parti de cette idée, que toutes les fois qu'une décision pouvait être connue autrement que par la voie officielle de la notification, on devait la présumer parvenue à la connaissance de toutes les parties qu'elle intéresse. Ainsi la notification à avoué est seule admise, la notification à personne n'a pas trouvé place dans le mode de procédure adopté.

Pourquoi notre article dit-il : les jugements ou arrêts *contradictoirement* rendus? Est-ce à dire que les décisions par défaut seront signifiées à partie? Nous ne le pensons pas, malgré l'aphorisme : *qui dicit de uno, negat de altero.* Cela nous paraîtrait contraire au système de la loi, qui, d'une part, dans l'art. 11, prohibe l'opposition aux jugements par défaut, ce qui rend dès lors la signification inutile, et qui, d'autre part, présume, de droit, contradictoire, une décision qu'elle a entourée d'une publicité si géminée et si éclatante.

ART. 26.

Toute partie intéressée pourra intervenir à tous les moments de l'instance en partage ; néanmoins, les personnes qui n'auraient pas remis aux experts leurs titres et leurs demandes dans le délai fixé par l'art. 14, supporteront tous les frais de supplément d'expertise ou autres, auxquels leur intervention tardive donnerait lieu.

Cet article consacre le droit d'intervention au profit de toute personne intéressée. Mais comme toutes ces publicités diverses que la loi organise, sont faites pour quelque chose, elle met à la charge de tout demandeur tardif les frais auxquels sa négligence aurait pu donner lieu. L'acte d'intervention se fera conformément aux règles tracées par les art. 339 et suivants du Code de proc. civ., combinés, quant au nombre de rôles de la requête, avec les art. 11 et 12 de la loi.

<h2 style="text-align:center">ART. 27.</h2>

Les parties intéressées pourront se faire délivrer, à leurs frais, soit des expéditions, soit des extraits, en ce qui les concerne, tant des rapports définitifs rendus exécutoires par ordonnance du président du tribunal, que des jugements et arrêts intervenus sur les contredits auxquels ces rapports auraient donné lieu.

Cet article établit le droit pour chaque partie intéressée de se faire délivrer par le greffier son titre de propriété. Et en outre, comme, en cas d'appel, elle pourrait avoir besoin d'extraits des jugements, et en cas de pourvoi, des arrêts, elle a aussi le droit de les obtenir.

<h2 style="text-align:center">CHAPITRE IV.</h2>

DISPOSITIONS TRANSITOIRES.

<h2 style="text-align:center">ART. 28.</h2>

Dans les instances en partage actuellement pendantes devant les tribunaux, si aucun jugement n'a encore été rendu, la demande sera notifiée par voie d'affiches et de publications, conformément aux art. 3, 4 et 5; l'instance sera suspendue jusqu'à ce qu'il ait été justifié de l'accomplissement de ces formalités. — Si le jugement qui ordonne le partage a été rendu, il sera procédé, conformément aux mêmes articles, à l'affiche et à la publication dudit jugement : un mois après cette publication et affiche, la procédure suivra son cours, conformément aux art. 13 et suivants.

Du principe que la loi était meilleure que celle qu'elle était destinée à remplacer, résultait la nécessité de décréter son application à toutes les procédures qu'elle pouvait régir sans blesser le principe de non-rétroactivité. Aussi notre article décide que, si une instance en partage est actuellement pendante et qu'aucun jugement n'ait été rendu, . la procédure ancienne doit faire place à la nouvelle et lui céder le pas. S'il y a eu un exploit d'ajournement lancé, cet exploit d'ajournement est considéré comme non avenu, et n'ayant pas une valeur suffisante pour faire appel à tous les intéressés, et la procédure nouvelle avec sa publicité vaste et solennelle, ses bannies, ses interpellations directes et indirectes, commence son cours et se pose souveraine. L'action en partage disparaît jusqu'à ce qu'il soit justifié de l'accomplissement des formalités prescrites par les art. 3, 4 et 5 qui prescrivent les publications, insertions et proclamations que nous avons précédemment indiquées.

S'il n'y a pas seulement assignation en partage, mais jugement qui l'ordonne, ce jugement sera publié et affiché conformément aux mêmes articles, qui cependant ne règlent que l'ajournement ; mais le législateur a pensé qu'il ne fallait donner valeur à un jugement rendu sous l'ancienne loi qu'autant qu'il aurait été promulgué en quelque sorte avec l'éclat et la solennité voulus par la loi spéciale : la procédure accomplie rebrousse chemin, pour ainsi dire, et vient s'adapter aux formes nouvelles. Elle a un temps d'arrêt jusqu'à ce qu'elle puisse reprendre sa marche, conformément aux art. 13 et suivants.

Que devrait-on décider quant à la signification, si le jugement était rendu, mais non encore signifié ? Nous pensons que la signification devrait avoir lieu d'après les anciens principes, tant pour ce qui concerne les formes, que le fond. En effet, quand le jugement a été prononcé, chaque partie a dû croire qu'il arriverait à sa connaissance par le mode prescrit par la loi sous l'empire de laquelle il a été rendu.

Il en serait de même du délai pour se pourvoir contre ce jugement ; la loi nouvelle ne pourrait le régler sans être rétroactive.

En un mot, la loi actuelle ne s'occupant que de régler la forme et en aucune façon le fond, ce serait blesser les principes que de lui faire prononcer des déchéances qui porteraient atteinte à des droits acquis.

Art. 29.

Toute partie intéressée dans un acte ou jugement de partage accompli avant la promulgation de la présente loi, est autorisée à en faire la publication et l'affiche dans les formes déterminées par les art. 4 et 5. — Ces formalités profiteront à toutes les parties intéressées au partage. — Les réclamations fondées sur l'art. 10 de la loi du 28 août 1792 ne seront pas recevables après le délai de deux ans depuis ces publication et affiche. — Lorsque, par suite de réclamations produites dans ce délai, il y aura lieu à un nouveau partage, il y sera procédé conformément à la présente loi. — Après le délai ci-dessus indiqué, les demandes formées à tout autre titre ne pourront donner droit qu'à une indemnité contre les copartageants.

Notre article suppose qu'il pourra se rencontrer dans un partage commencé des droits encore cachés qui peuvent mettre en péril les parts que le partage a attribuées à chacun, et il établit une sorte de purge en faveur des propriétaires détenteurs d'objets provenant du partage accompli.

Pour faire cette purge, le moyen est bien simple. Il suffit de faire publier le jugement ou l'acte de partage dans les formes déterminées par les art. 4 et 5. C'est une sorte de mise en demeure qui a de l'analogie avec celle prescrite par les art. 2194 et suivants à l'effet de purger les hypothèques légales pouvant exister du chef des femmes et des incapables. Cette procédure a été inspirée par cette idée de donner de la stabilité à ces sortes de partages, qui, à raison du grand nombre d'indivisaires qui s'y trouvent, peuvent encore renfermer en eux-mêmes une cause de nullité ou de rescision.

Mais la forclusion, pour être légitime, ne pouvait s'adresser qu'à ceux qui auraient des revendications ou réclamations à exercer ayant pour principe et pour base l'art. 10 de la loi du 28 août 1792, c'est-à-dire la présomption de propriété reconnue aux riverains et habitants des terres vaines et vagues attribuées par cette loi. Que si, par une erreur possible, une portion de propriété appartenant à un tiers, à un autre titre, avait été comprise dans le partage, le droit de ce tiers serait toujours protégé par les principes du droit civil, et le partage n'aurait jamais pu avoir lieu que *salvo jure alieno*.

Du reste, même en ce qui touche les droits puisés dans la loi du 28 août 1792, il faut avouer que la loi ne se montre pas trop sévère ni trop prompte à en prononcer la déchéance, car elle accorde un délai de deux ans pour la revendication, à partir des affiches et publications qui ont dû donner l'éveil aux droits endormis. Après ce délai, le droit du copropriétaire omis se résout en une indemnité.

Comme l'apparition d'un copropriétaire de la chose commune oubliée a pour effet de résoudre et d'annuler le partage, la loi dit qu'il aura lieu conformément à la procédure qu'elle indique. C'était de droit.

On a remarqué que la loi dit : Acte ou jugement de partage; cela signifie que les partages amiables qui ont pu être faits en dehors de la justice sont aussi réglés par notre article et que leur sort devra être le même que celui des partages judiciaires.

Art. 30.

La présente loi n'aura d'effet que pendant vingt années, à dater de sa promulgation.

Cet article a été inséré dans la loi par le conseil d'État, qui a pensé que, comme il s'agissait d'une procédure anormale, il fallait, par respect pour les principes, poser une limite à sa durée. Il a eu un autre but, c'est de stimuler les propriétaires à profiter de l'économie considérable que la loi leur offre, et d'amener le plus tôt possible des partages qui sont dans l'intérêt général du pays.

DES FRAIS

D'UNE PROCÉDURE EN PARTAGE

Selon la loi du 6 décembre 1850.

Voici ce qui a été dit, dans la discussion sur la loi, relativement au tarif : « M. Chégaray avait demandé de décider qu'un règlement d'administration publique fixât le tarif des frais qui pourraient être faits et des émoluments auxquels pourraient avoir droit les greffiers, officiers ministériels et experts qui agiraient en vertu de la loi. C'était là une disposition nouvelle ; mais toutes les fois que l'on crée une procédure nouvelle et qu'on en confie l'exécution à des agents privilégiés, il faut nécessairement établir un tarif pour empêcher les abus possibles. Je pourrais lire notamment, disait M. Chégaray, une lettre d'un magistrat d'un des principaux tribunaux du ressort de la Cour de Rennes, qui réclame à grands cris ce tarif, en signalant les abus qui pourraient résulter de son absence. »

M. Rouher, ministre de la justice, répondit : « Un tarif spécial est complétement inutile. Déjà un tarif règle les droits des greffiers, des huissiers et des avoués. Ce tarif est proportionnel aux travaux qu'exécutent les officiers ministériels dans chaque instance. Si nous n'avions pas, par la procédure que nous avons organisée, détruit le grand nombre de formalités nécessaires dans les instances ordinaires, je comprendrais qu'un tarif spécial eût été utile ; mais, grâce aux dispositions législatives que vous avez votées, je crois que les frais qui, dans chaque instance, pourront être exposés, seront très-considérablement réduits, et qu'en appliquant le tarif ordinaire, le tarif légal, qui règle toutes les instances organisées par le Code de procédure, l'on ne court pas le risque de voir ces états de frais véritablement effrayants que les instances ordinaires en partage de terres vaines et vagues pourraient amener.

» Par la loi qui vous est soumise, ces instances sont réduites à des formalités si peu nombreuses, si peu compliquées (1), que les actes qui

---

(1) Nous nous permettrons de n'être pas tout à fait de l'avis du ministre, et nous pensons que l'exécution de la loi sera très-difficile et amènera encore des complications sans nombre. Aussi devait-on faire un tarif plus généreux que celui de 1807.

seront rédigés par les officiers ministériels ne seront que la rémunération très-légitime des travaux que de telles instances, par leur complication, leur imposent toujours.

» Il est une classe de personnes nécessairement appelées à faire des travaux dans ces instances: ce sont les experts. Pour les experts, il y a aussi un tarif qui règle ce qui leur est dû pour chaque vacation.

» L'honorable M. Chégaray vous disait, il y a un instant : « Mais ces » vacations ont quelque chose de monstrueux; » et se souvenant des affaires qu'il avait été appelé à examiner comme magistrat dans le ressort de la Cour de Rennes, il se plaignait du trop grand nombre de vacations allouées aux experts.

» C'est là une question de sévérité de la part des présidents des tribunaux. A eux il appartient de ne pas laisser passer les demandes d'honoraires exagérés, réclamés par les experts, et de réduire à la réalité le nombre des vacations qui pourraient être demandées d'une manière illégale et imméritée; mais je ne vois pas que, pour un danger que les présidents de tribunaux peuvent censurer en taxant les honoraires des experts, il y ait nécessité de renvoyer à un règlement d'administration publique, la confection d'un tarif spécial. »

La procédure devra-t-elle être taxée comme en matière ordinaire ou comme en matière sommaire ? Cette question a été résolue ainsi par le conseil d'État dans ses observations sur le projet de loi :

« Considérant, quant au mode de procédure, que la première pensée qui se présente est d'appliquer aux partages dont il s'agit la procédure usitée en matière sommaire; mais qu'à l'examen, on reconnaît que cette procédure aurait le double inconvénient de ne pouvoir s'appliquer à tous les incidents de l'instance, et de ne pas accorder une rétribution suffisante aux officiers ministériels dont l'expérience est nécessaire pour ces sortes d'affaires; qu'il paraît plus rationnel d'adopter une procédure spéciale pour les principaux points de l'instance en partage, et de s'en référer aux règles de la procédure ordinaire pour les cas qui ne seront pas régis par la nouvelle loi. »

Il ne faut pas se le dissimuler, quelles que soient les précautions prises par la loi pour réduire les frais à une juste mesure, quelle que soit la délicatesse des officiers publics de notre époque de procédure progressive et loyale, une instance en partage, simple ou compliquée d'incidents, coûtera une somme énorme. Quand donc le partage sera consommé et qu'il en faudra venir à l'acquittement de l'état de frais, on distribuera naturellement ces frais, au marc le franc, entre les divers ayants droit qui ont profité de la procédure, et l'avoué aura, ainsi que les experts, une action solidaire pour le payement de ses avances et honoraires. A qui s'adressera-t-on? A l'une des parties qui devra payer pour toutes, sans doute c'est là le droit. Mais ce sera un triste avantage pour celle-là d'avoir été l'objet d'un pareil choix. La voyez-vous ensuite obligée d'agir par voie récursoire, et de prendre un à un les divers coïntéressés pour leur demander leur part contributive! Et s'il arrive que personne ne paye, l'avoué ou les experts, d'après le droit commun, auront le droit d'exproprier en masse l'objet partagé, qui sera grevé d'un privilége à leur profit! Et alors concevez par la pensée une saisie immobilière se greffant sur un partage et se suivant contre des milliers d'individus! Tout s'y abîmera.

On avait proposé, pour éviter cette expectative, d'autoriser la vente d'une partie du terrain commun, pour, le prix en provenant, être appliqué au payement des frais. Mais, en général, les dispositions pratiques ne sont pas toujours comprises par les législateurs qui se complaisent dans les généralisations et aiment à planer dans les hautes sphères. On repoussa cette idée au conseil d'État par le motif suivant : « Considérant que, s'il peut être utile de laisser au juge la faculté d'ordonner la vente d'une parcelle du terrain à partager, pour couvrir les frais généraux du partage, il ne paraît pas nécessaire de rendre cette vente obligatoire. »

Est-ce que la seule perspective d'en venir à une extrémité telle que l'expropriation, ne devait pas suffire pour que l'on autorisât les experts à indiquer, dès leur premier travail préparatoire, la portion de terrain dont la vente aurait lieu, pour couvrir les frais, et de faire marcher cette vente de front avec le partage, ce qui, avec la publicité que la loi organise, n'aurait pas coûté plus que le partage lui-même? On aurait évité, par ce moyen, ce triste et déplorable résultat qui se réalisera souvent : ce sera de voir les agents qui auront pris part au partage, et le fisc surtout, le fisc à la gueule béante, dévorer ces terres communes, si immenses en Bretagne qu'elles forment le tiers de l'étendue territoriale de cette province. Et la loi aura ainsi fait passer dans les caisses de l'État la valeur de cette richesse, au moyen des frais énormes qui se seront produits. Si l'on avait voulu faire une loi véritablement utile et généreuse envers la Bretagne, on aurait dû accepter cette disposition du projet présenté par l'honorable M. Favreau qui demandait la dispense de timbre et d'enregistrement pour les actes de la procédure en partage; mais le conseil d'État n'a pas cru devoir admettre cette dispense, par la raison « que les frais de timbre et d'enregistrement seront peu importants! » Il n'y a qu'à jeter les yeux sur les actes nombreux qu'exige la loi, pour être convaincu que c'est le contraire qui est vrai. C'est une chose vraiment déplorable qu'en France, aucun progrès, aucune mesure utile ne puisse s'accomplir, parce que le fisc, comme l'avare Achéron, ne veut jamais lâcher sa proie.

On parle de frais, on crie tous les jours contre les frais. On voit un chiffre au bas d'un mémoire et l'on jette un cri d'effroi, et quelquefois de colère et de haine, contre l'officier public; nous avons vu des juges taxateurs céder à cette prévention injuste et irréfléchie. Mais que l'on décompose cet état de frais, et l'on remarquera que la majeure partie provient de déboursés versés par l'huissier, par l'avoué, par le notaire, sous toutes les formes (car le fisc est un vrai protée), dans les caisses du trésor public. On verra que la rémunération accordée à la fonction, au travail, est tellement minime quelquefois, qu'elle en est presque ridicule. Nous donnons ci-dessous un modèle d'état de frais pour une procédure en partage de terres vaines et vagues, procédure réglée en 1851, sur les bases du tarif décrété en 1807, à une époque où l'argent avait moitié plus de valeur qu'à présent! Qu'on prenne les émoluments un à un, et qu'on les examine, est-il possible de les trouver exagérés? Le chiffre des émoluments accordés à l'avoué, nous croyons pouvoir l'affirmer, ne s'élèvera pas au cinquième du chiffre total, de sorte que là où l'avoué aura deux cents francs, par exemple, le fisc en aura mille. La justice est gratuite en France, dit-on; mais tant que le fisc ne se relâchera pas de sa sévérité, nous déclarons que nous ne connaissons pas d'erreur plus grave que celle-là.

ESSAI DE TARIF.

Procédure en première instance (1).

Émoluments.
fr. c.

1. — (Art. 2 de la loi). Exploit d'ajournement à fin de partage. . . . .
    1° Copie aux maires, chaque, 40 centimes, plus les déboursés et le transport.
    2° Copie au préfet (*id.*).
    3° Copie à afficher (*id.*).

---

(1) Nous procédons pour la fixation des émoluments par analogie avec les procédures tarifées par le décret du 16 février 1807, et applicables aux tribunaux établis dans des villes dont la population est inférieure à trente mille âmes; on élèvera donc les droits s'il y a lieu.

fr.　c.

2. — (Art. 2). Droit de consultation. . . . . 　7　50
3. — (Art. 3). Publication géminée à l'issue de la messe
　　paroissiale, selon l'usage dans le pays. 1 fr. par publi-
　　cation, nous paraîtrait raisonnable.
4. — (Art. 4). Extrait à insérer comme en matière de purge
　　légale, le déboursé, suivant quittance.
5. — (*Id*.) Composition de cet extrait. . . . . 　4　50
6. — (*Id*) Vacation à l'insertion. . . . . 　1　50
7. — (*Id*). Vacation à la légalisation. . . . . 　1　50
8. — (Art 5). Extrait qui doit être imprimé et placardé. . . . 　1　50
9. — (*Id*). Impression des placards, suivant quittance. . .
10 — (*Id*). Papier timbré desdits placards. . . . .
11. — (*Id*). Procès verbal d'apposition, plus le transport, s'il
　　y a lieu. . . . .
12. — (Art. 6). Simple acte pour poursuivre l'audience. . .
　　Original. . . . . 　　95
　　Copie, le quart.
13. — (*Id*). Mise au rôle (affaire ordinaire). . . . .
14. — (*Id*). Vacation à la mise au rôle. . . . . 　2　25

15. — (Art. 7). Acte pour proposer les exceptions, plus le
　　papier et les copies. . . . . 　　95
16. — (Art 10) Acte de reprise d'instance, s'il y a lieu, par
　　acte d'avoué. . . . . 　1　69
　　Plus les frais et émoluments de chaque copie.
17. (Art. 11). Conclusions, six rôles (1) à 1 fr. 50 c. le rôle. .
　　Copie, le quart par chaque avoué. . . . .
18. — Audience des conclusions. . . . . 　2　25
19. — Conclusions déposées sur papier libre. . . . . 　2　25
20. — (Art. 23). Vacation à communiquer au ministère public. 　1　15
21. — Appel de la cause dû à l'huissier. . . . .
22. — Assistance de l'avoué en cas de remise de cause ou
　　indication de jour . . . . 　2　25
23. — (*Id*). A chaque journée de plaidoirie. . . . . 　2　25
24. — Et quand l'avoué plaide lui-même. . . . . 　6
25. — Honoraires de l'avocat. . . . . 　10
26. — Qualités du jugement contradictoire, plus le papier. . 　5　50

____

(1) Le nombre de rôles est limité à six; mais nous rappelons qu'on ne doit
point mettre le nom des parties ni celui du demandeur, seulement *tel et
consorts*.

fr. c.

Chaque copie, mais seulement aux avoués qui auront
contesté.   1   38

27. — Coût de la grosse. . . . .

28. — Signification aux avoués qui auront contesté, par une
seule copie, quel que soit le nombre des parties qu'ils représentent, 25 c. par rôle, plus le papier et les déboursés.

29. — Opposition , sommation et règlement des qualités s'il
y a lieu. Tarif du 16 février 1807 (art. 70, 75, 90).

30. — Frais de port de pièces et de correspondance, quand
les parties sont domiciliées hors de l'arrondissement du
tribunal :

31. — Par chaque jugement définitif.   7   50

32. — Par chaque jugement contradictoire.   3   75

33. — Avenir pour le jugement du fond.   95

34. — Le reste comme aux articles 16 et suivants.

35. — (Art. 14). Requête à fin de prestation de serment. . .   1   50

36. — (*Id.*) Sommation aux experts pour prêter serment. . . .
Plus le transport. . . . .

37. — (Art. 11.) Acte de prestation de serment; déboursé de
greffe (1).

38. — (*Id.*). Vacation de l'avoué à la prestation de serment.   2   25
Remise aux experts par l'avoué poursuivant du juge-
ment et de la procédure.

39. — (*Id.*). Requête pour le remplacement d'un expert en
cas de refus, de déport ou de récusation..   1   50

40. — Vacation de chaque avoué aux opérations des experts,
par chaque vacation de trois heures (2).   4   50

41. — (Art. 14). Vacations des experts (3).
Incidents pour la revendication de la propriété qui fait
l'objet de la demande en partage. . . . .
Conclusions motivées, notifiées à tous les avoués de
la cause. . . . .
Conclusions permises seulement aux avoués dont les
parties voudront contester. . . . .

---

(1) Procédure de récusation, s'il y a lieu.

(2) Ces frais ne peuvent être répétés que contre la partie qui a requis la
présence de l'avoué.

(3) Selon la classe, le nombre et la distance.

4

fr. c.

Fixation à douze rôles tant en demande qu'en défense de ces conclusions. . . . .

Il peut s'élever à cette occasion des questions qui donnent lieu à des préparatoires, des interlocutoires, etc. On suivra la procédure des matières ordinaires pour leur solution et le tarif.

42. — (Art. 13). Lettre missive des experts aux parties ; déboursé d'impression, plus vacation selon le temps employé et le nombre de lettres adressées.

43. — (*Id.*). Affiches et insertions; déboursés, plus les vacations légitimes.

44. — (Art. 14). Rapport préparatoire des experts : *Id.*

45. — (Art. 15). Dénonciation par acte d'avoué à avoué du dépôt du rapport. . . . .
    Original.   1   50
    Copie, le quart.
    Plus les déboursés.

46. — Droit fixe à raison des soins et démarches pour l'estimation et la composition des lots. . . . .   25 »
    Par analogie avec l'art. 10 du tarif du 10 octobre 1844 qui accorde ce droit, quand le partage a lieu en nature.

47. — (*Id.*). Avis du dépôt par affiches, publications et insertions; déboursé.

48. — (*Id.*). Composition du placard.   4   50

49. — (*Id*). Composition de l'insertion.   1   50

50. — (*Id.*). Vacation à la légalisation.   1   50

51. — (Art. 16). Vacation au contredit sur les rapports (comme en matière d'ordre, par analogie).   7   50

52. — (*Id.*) Conclusions, six rôles, *ut suprà.*

53. — (*Id.*). Avenir pour plaider, droits et actes de procédure pour faire statuer sur l'incident jusqu'à la signification du jugement (1).

54. — (Art 19.) Vacations des experts à leur procès-verbal et à la formation des lots, suivant le nombre.

55. — Droit fixe pour la composition définitive des lots. . . .   25 »

56. — (*Id*). Dépôt du rapport définitif. . . . .

---

(1) Toutes demandes incidentes doivent être formées en même temps, et les art. 238 et suivants du code de procédure leur sont applicables.

fr. c.

57. — (*Id*). Sommation aux avoués d'en prendre communication et de contredire.   95

Copies, le quart, plus les déboursés.

58. — Contredits, *ut suprà*.

Avenir pour plaider, droits et actes de procédure pour faire statuer, *ut suprà*, n° 51.

59. — (*Id*). Grosse du jugement qui prononce difinitivement sur le partage. . . . .

60. — Signification aux avoués seuls qui ont contredit, 25 c. par rôle, plus les déboursés.

61. — (*Id*). Signification aux maires des communes de la situation des terres à partager. . . . .

62. — (*Id*). Signification au préfet du département. . . . .

Ici peuvent s'élever encore des contredits, non de la part des parties définitivement forcloses, mais de la part des maires des communes et du préfet du département.

Et alors une nouvelle procédure recommence, suit son cours et se termine par une décision judiciaire.

S'il n'y a pas de contredit, le rapport des experts porte attribution définitive des lots.

63. — (*Id*). Requête au président pour qu'il rende son ordonnance d'*exequatur* sur le rapport. 1 50

Procédure en appel.

(Art. 24). Acte d'appel qui devra n'être notifié qu'au domicile de l'avoué et par une seule copie. . . . .

Copie, le quart, plus les déboursés.

Tous les autres actes doivent êtres faits et taxés comme en matière ordinaire, sauf la limitation du nombre de rôles pour les conclusions et requêtes.

Les significations en appel subissent la même restriction qu'en première instance. C'est la disposition formelle de la loi.

TABLE.

COMMENTAIRE

THÉORIQUE ET PRATIQUE

SUR LES VENTES JUDICIAIRES DE BIENS IMMEUBLES

D'APRÈS LE CODE DE PROCÉDURE

ET LA LOI DU 2 JUIN 1841.

2 volumes in-8,

PAR EUGÈNE PAIGNON.

En préparation :

COMMENTAIRE

SUR

LES VENTES JUDICIAIRES DE BIENS IMMEUBLES.

Un volume in-8,

PAR LE MÊME AUTEUR.

La procédure relative à la saisie immobilière et aux autres ventes judiciaires de biens immeubles va être l'objet de modifications assez profondes, assez radicales, et il faudra immédiatement un guide pour l'application de la nouvelle législation. C'est ce guide que nous nous proposons de publier sous le titre qui précède. Cet ouvrage paraîtra aussitôt après la promulgation de la loi et contiendra la loi nouvelle commentée et expliquée par la discussion législative et la jurisprudence survivant à sa mise en vigueur.

Le prix en est fixé à cinq francs, payables après la réception *franco* de l'ouvrage. Les souscriptions devront être adressées à M. Eugène Paignon, avocat au conseil d'État et à la Cour de cassation, rue des Petits-Augustins, n° 17, Paris.

ÉLOQUENCE ET IMPROVISATION,

ART DE LA PAROLE ORATOIRE

AU BARREAU, A LA TRIBUNE, A LA CHAIRE.

UN BEAU VOLUME IN-8°,

PAR EUGÈNE PAIGNON.

Deuxième édition, 1851. — Prix : 7 francs.

Ce livre contient la poétique, l'histoire, la philosophie, la didactique et l'esthétique de la parole. C'est une méthode assurée, infaillible pour arriver non pas à l'éloquence, mais à l'improvisation, c'est-à-dire à l'art d'exprimer ses idées d'une manière vive, claire et élégante. Aux jeunes gens qui abordent les carrières où la parole est un instrument nécessaire, indispensable de succès et de gloire, cette œuvre veut dire : *Indocti discant.* Aux brillants athlètes déjà rompus aux luttes oratoires, elle dit : *Ament meminisse periti.*

DE LA SAINTETÉ DES GOUVERNEMENTS

ET

DE LA MORALITÉ DES RÉVOLUTIONS.

PAR LE MÊME AUTEUR.

UN PETIT VOLUME IN-8°. — PRIX : 3 FRANCS.

Réaliser en politique l'idéal du droit et du devoir en fondant l'alliance de la monarchie et de la liberté, telle est la pensée de cet ouvrage. L'auteur, écrivant en dehors des partis, s'est placé sur le terrain neutre de la philosophie et de l'histoire. Considérant l'humanité sous l'image de cet homme immortel dont parle Pascal, il a résumé ses idées par ces conclusions : Despotisme, âge d'enfance ou faiblesse, républicanisme, âge de jeunesse ou force, monarchisme, âge de maturité ou raison.

Paris. — Imprimé par E. Thunot et Ce, rue Racine, 26, près de l'Odéon.

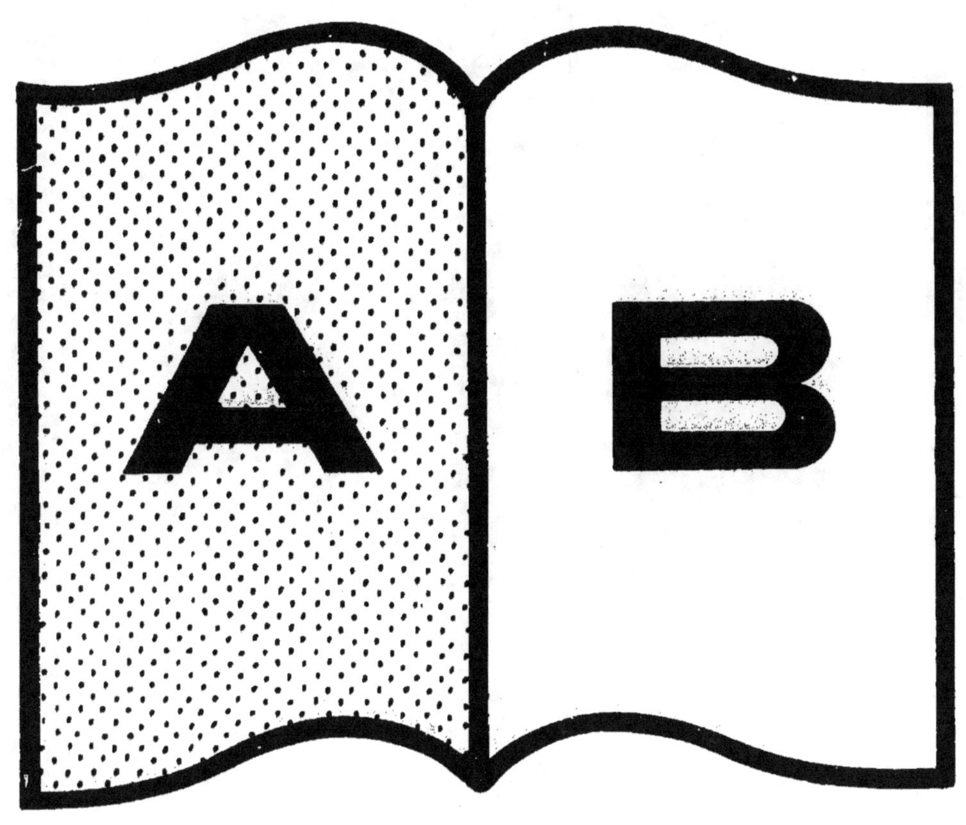

Contraste insuffisant

NF Z 43-120-14